臺灣校務研究之招生策略

廖慶榮、何希慧、林靜慧——主編

|「臺灣校務研究之招生策略」序一

廖慶榮

（臺灣校務研究專業協會第二屆理事長）

　　臺灣校務研究專業協會（Taiwan-AIR）於105年1月成立後，伴隨著104年教育部推動的提升校務專業管理能力競爭型三年計畫之期程，協助83個會員學校之校務研究專責單位與專業從業人員一同成長，並逐步進入高教深耕計畫之轉型期間。

　　從黃董事長手中接下協會理事長之後，首先協會率團參與AIR分別於奧蘭多與丹佛所舉辦之年會，會中透過專題演講、圓桌會議、海外華人論壇等活動，就校務治理與財務議題的現況、資料整合與資訊倫理之衝突、如何提升學生就業力、高等教育系統促進社會流動性之使命等議題，與AIR理監事會與OCAIR海外華人校務交流協會進行交流。會後也參訪華盛頓州之教育數據研究與政策中心，瞭解從美國州政府之層級所進行之P20W（preschool to workforce）數據庫建置與各資料來源之溝通以及資料分析之運用與個資限制。

　　此外108年底於國立臺北教育大學舉辦的第19屆東南亞校務研究年度國際研討會，以「校務研究：將智能轉化為行動」為主題，探討品質保證、前瞻科技、校務治理、課程維度與研究制度化等議題，讓臺灣與會者有機會與東協十國的學者進行交流，並從各場次的發表當中看到目前東南亞各國高等教育的挑戰以及校務研究的進展。同時在本會年會當中所邀請之美國、日本、韓國等學者們，也

不吝提供其寶貴之實務經驗，分享各國校務研究未來發展的重點議題。因此透過這兩年的活動，協會不僅從與國外的交流當中，了解各國的發展現況，也讓臺灣校務研究的成果與國際分享。

在國內的活動當中，協會也在年會當中邀請政府官員以及專家進行政策分享，在與各校合作的學術或應用類型的研討會當中，提供機會讓從業人員以及年輕學者進行各類發表，也舉辦工作坊進行專業知識傳授。其中協會邀請美國學者針對高等教育在教師教學、學生學習及院系所評量之最新應用趨勢與觀點提出看法，並依據此新型態的學生評量方式，從課程大綱、課程地圖、評量計畫與策略、進行一系列介紹與整合。

同時協會參考AIR專業課程之設計以及臺灣目前校務研究從業者之需求，舉辦兩組校務研究專業知能發展工作坊，參與人員包含大學教授、大學單位主管、大學行政專員、校務研究專員等。一組課程以及方法論為主，內容涵蓋高教政策、數據本位之方法學思維、雲端運算技術、教育與心理與測量原理。學員反應此工作坊對於剛入校務研究領域之從業人員幫助頗大。另外一組課程核心為資料分析與預測技術，而內容涵蓋資料視覺化、描述性資料分析、空間關係探索與地理資訊系統應用、時間性推估與預測以及潛在變數方法與學習成效評估。學員反應熱烈，並認為對於從業人員之助益頗大，因此協會同步透過年會、研討會、工作坊的形式，持續在國內向下扎根以及推廣。

另外延續黃前理事長帶領下的傳統，協會預計於今年出版兩本校務研究系列專書，聚焦在校務研究之招生策略與學生就業與發展兩大面向。本書已邀請國內八所推動校務研究卓然有成之大專院校在招生議題上針對其困境、特色、以及未來發展提供寶貴經驗，其中精彩的分享包括為因應111學年度大學選才制度之改變，以及招生專業化的趨勢下，校務研究如何與招生策略辦公室合作，更精準地訂定選材之條件以及教學輔導之機制;如何結合特殊選材的招生

策略與學生在校學校表現，為招生多元性提供實務基礎;另外以課程改革與創新教學之學生學習成效反饋招生策略等研究，提供各校參考。最後期盼協會以及各校在既有的校務研究基礎上，搭配高等教育政策之推行，為臺灣的校務治理、國際化校園、大數據分析、學生學習與就業力等面向，齊心努力，共創未來。

┃「臺灣校務研究之招生策略」序二

黃榮村

（臺灣校務研究專業協會第一屆理事長）

　　臺灣校務研究專業協會（Taiwan-AIR或TAIR）在2016年成立，這是繼臺灣推動大學認可評鑑的QA（從外面看）之後，所啟動的IR（從裡面查）工作，主要是由大學本身自己看往內部找出問題，如這所學校欠缺品質教育或研究能量不足等，就要開始設定「目標、策略、與行動方案」（mission, strategy, and action plans）來改善不理想之處。在高教已經國際化的今天，像IR這種專業協會不可能也不應該自己關在臺灣，因此在2017年6月初以Taiwan- AIR名義，加入當為已有50幾年歷史的美國AIR之國際聯盟協會，以強化與世界各國的多邊互動關係。

　　IR可說是一種以證據為基的決策支援系統（evidence-based decision support system），除了要盡快國際化外，更需在國內盡快建立技術與系統上的共識，因此在TAIR成會兩周年後，於2018年出版兩本專書，一本為《臺灣校務研究實務》，另一本為《臺灣校務研究理論與技術》。但這兩本書的出版只是作一個初期階段性的總結，可以說IR在臺灣才剛要正式大規模開展。現在TAIR成會四年之後，臺科大廖慶榮校長負責完兩年理事長，並由中央大學周景揚校長接任之際，又要出版兩本更進一步的主題IR之書，一本是《臺灣校務研究之招生策略》，另一本則是《臺灣校務研究之學生就業

與發展》。整體連接起來看，可說是將臺灣IR前期發展時的技術與實務關切，轉型聚焦在當前最要緊的招生與學生就業及生涯規劃之上，也因此呈現了TAIR結合各大學，做出目標前後一貫，既打基礎又注重緊要主題的努力。

　　本書「臺灣校務研究之招生策略」，共有八所大學代表撰寫，涵蓋公私立一般與科技大學的類型，並有研究型以及教育與海洋類科大學，毫不藏私的從IR角度，來提出各大學依其一般狀況與特殊需求所設定的有效招生策略，並說明IR如何在此過程中型塑可行的招生策略，或者提供設定招生策略後所需的必要資訊，這兩種做法都可讓大學在招生時，趨吉避凶，獲致最大的利益。

　　IR之為用，在與學生有關的招生、學習、與生涯發展上，貢獻最大，招生事務更是當今國際高教競爭激烈，又逢國內生源緊縮下，大學救亡圖存更上層樓的保證，其中涉及的學生來源分布、學校具特色吸引力項目、推甄繁星與指考管道表現、進入學校後的多元專業學習精進與轉進等等，都需要就學校已有的資料進行歸納解析，方能找到各個大學的利基，做出最有效的招生策略。也就是說招生不只是被動的依靠甄審或考試進來而已，而是要超前部署，讓外面可能進來的學生已經先與大學取得精神及實質上的聯繫，這樣學生就會興高采烈的想進來，而學校也因此找到最合適來就讀的學生，這是互蒙其利的招生效果。依此原則制定的招生策略因此一定是有效的，IR在此過程中則扮演了不可或缺的角色，因為它替大學建造了有效的決策支援系統，收集了充分有用的各類資訊。本書將該一過程，編撰出第一線的完整報告，相信一定能讓有需要的人各取所需，也讓臺灣高教的往上發展，多了一本正規的招生策略指南。

（June 7, 2020）

目次

數據探索中正：
融合招生議題，紮根IR有感校園

國立中正大學副校長兼校務研究辦公室主任
張文恭

國立中正大學校務研究辦公室副執行長
楊家瑜

國立中正大學校務研究辦公室資訊工程師
張天維

壹、本校IR校務研究發展脈絡

　　為瞭解校務整體發展現況，及校務政策推動績效，善用教育資源、提高學生學習成效，本校建立校務管理品質保證機制，深化校務專業管理能力，以落實永續發展之目標。據此，推動校務研究2.0（Institutional Research 2.0, IR 2.0）是為本校致力推動的重點工作，強調以實證為本位的管理（Evidence-Based Management），作為學校或是單位層級進行重要方案評估（Program Evaluation）之參考。首先，此段總括介紹本校近年推動IR校務研究的概況，包括組織設置情形、發展脈絡、重點工作及運用現況。其次，有關本校業已探究之招生相關議題運用，則於後文採取案例方式分享之。

一、組織概況及發展脈絡：2017年正式成立專責單位，推動IR2.0校務專業管理

本校成立於1989年，初邁入而立之年，在國內大學校院發展歷史中，實屬於一所年輕之國立綜合型大學。目前設有文學院、理學院、社會科學院、工學院、管理學院、法學院、教育學院共七大學院計有29學系、47碩士班、30博士班、19碩士在職專班，在籍學生人數約11,000人，教職員工數約1,000人。校務經營與管理如從組織理論的觀點來看，實與組織結構、組織文化、組織發展等層面密切相關，此外又與人員、資源、內外環境等因素組成錯綜複雜的關係。因此，如何運用科學化、系統化的方式來瞭解組織運作的現況，亦被運用於大學校務治理的範疇，此段將先介紹本校推動IR校務研究的脈絡及現況。

（一）建構校務管理品質保證暨校務專業管理機制

為因應國內外高等教育所面臨的各種問題及挑戰，本校融合IR校務專業管理機制，推動校務管理品質保證機制（如圖1）。其中，校務管理品質保證機制的內涵，意即透過自我規劃（Self-plan）、自主研究（Self-study）、自我檢核（Self-Examination）、自我改善（Self-Improvement）的品質保證循環迴圈歷程（簡稱「4S」）。

同時，本校所謂之「校務管理4S-4I品保機制」係以IR校務研究工作為基礎，透過重要議題分析的啟動，從各面向探討與校務經營與管理相關，提升IR校務自主研究及管理能力，進而將分析結果反饋至校務改善與校務發展。校務研究工作的落實，除校務研究（Institutional Research）的議題分析外，亦逐步建置及完善資訊管理系統（Information Management），作為檢核、反饋校務運行現況及校務績效（Institutional Accountability）的參考依據，進而實踐本

校未來校務發展（Institutional Vision）願景（簡稱「4I」）。

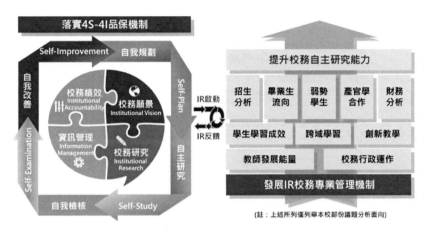

圖1　本校校務管理品質保證暨校務專業管理機制

（二）成立專責之校務研究辦公室統籌執行IR校務研究

　　承上所述，為活化校務經營與組織績效，透過IR校務研究專業管理機制的推動，反饋校務改善及發展，是本校致力發展的重點方向。基於此，特於2017年正式成立專責的校務研究辦公室（Office of Institutional Research, OIR），該組織架構及整體運作機制如圖2。在主要執行單位部分，係由副校長擔任辦公室主任，研發長為執行長，並聘有兩位專職人力負責規劃及執行本校校務研究相關工作，其中一名博士級研究人員為副執行長，另一名則為具資訊工程專長之人員。

　　為確保校務研究推動工作方向之適切性及效率，另設置校級指導會議如校務研究推動委員會、校務研究執行會議，前者每學期定期召開一次，由校長擔任召集人，成員包括行政、教學單位一級主

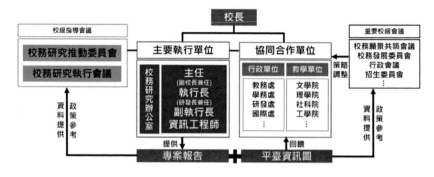

圖2 本校校務研究組織架構及運作機制

管；後者則視業務推動需求招開，召集人為副校長，成員則包括相關單位主管或同仁。此外，本校在推動校務研究工作之策略，除了由校級指導會議督導校務研究辦公室執行外，亦同時與校內行政、教學單位進行協同合作或專題討論，IR議題起動的方式兼容「Top-Down」（指由校長、校級指導會議或校務研究辦公室展開）、「Bottom-Up」（為協同合作單位主動提出議題分析需求）兩種模式。有關校務研究辦公室與校內單位協同合作最具體的實例，如本校推動教育部招生專業化計畫的歷程中，教務處與校務研究辦公室間積極且密切的議題合作及討論，兩單位與108學年度學士班申請入學書面審查階段，即合作提供近五年以學系為單位的入學生相關資訊，作為各學系招生選才的參考。

　　自2017年本校正式成立專責的校務研究辦公室，即階段性規劃如何推動IR校務研究方向、策略及行動方案，有關本校推動IR校務研究的整體發展脈絡彙整如圖3所示。辦公室初成立時期（2017-2018年）主要致力於相關運作機制的建立如各類辦法、系統建置及資料盤點（搭配基礎數據分析），而後於2019年起同步經營校內IR融入組織文化、IR驅動實質校務改善方案。

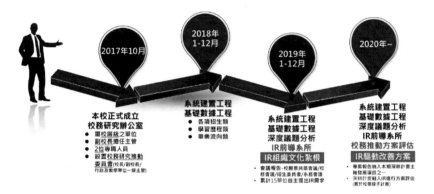

圖3　本校推動IR校務研究工作發展脈絡

二、重點工作及運用現況：從招生及學生學習成效面展開，致力IR融入組織文化

本校校務研究辦公室以校務資料之蒐集、分析、運用及管理為主要重點工作，議題展開以聚焦學生學習及教師教學成效評估為核心，輔以校務中長程發展方向與主軸，包括學術發展、國際化、產學推廣、校務行政等層面。借鏡於美國校務研究協會（Association for Institutional Research, AIR）近年舉辦年會（AIR Forum）的主題，發現IR資料及技術（Data and Technology）、與組織的運作及領導（Operations and Leadership）、組織決策支持（Decision Support）係廣泛被列為討論的範疇。因此，如何將IR校務研究逐步融入組織文化，亦為本校現階段推動IR的重點項目。

具體而言，本校現階段IR重點工作可以區分為：系統資料工程、基礎數據工程、深度議題分析工程三項主要工程，同時於三項工程的執行過程中，逐步將IR導入校內組織文化脈絡。

（一）系統建置工程：建置校務資訊平臺及盤點資料現況

有關IR如何妥善運用資料及相關技術（如系統、視覺化圖表等），歷年AIR Forum必定納入作為大會探討主題範疇之一，可見資料對於推動校務研究有其一定程度的重要程度（國內學者亦有相關論述，如彭耀平、劉峰旗、段盛華，2017；曾元顯，2016）。基於此，本校即規劃「CCU校務資訊平臺」的架構及功能，該平臺規劃藍圖如圖4所示，主要包括三大部分：校務資料倉儲系統、校務資訊查詢系統、校務Open Data線上交易。

現階段本校初步完成的內容為校務資料倉儲系統（簡稱IR倉儲系統，係按基礎數據分析排程盤點資料現況，並排程匯入IR資料倉儲系統），及校務資訊查詢系統（區分為對外、對內的資訊公開）；至於校務Open Data線上交易的部分，目前依據本校校務資料處理及運用作業要點，校內人員（包含教職員生）皆可透過程序申請擬運用的校務資料進行議題分析，惟資料線上申請及線上提供的功能仍持續建置、完善中。

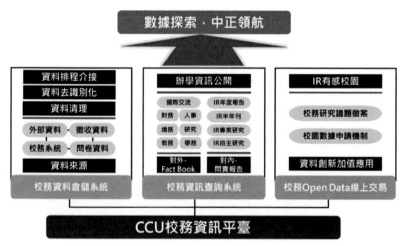

圖4　本校校務資訊平臺功能及架構

（二）基礎數據工程：以教務類為起點瞭解學生學習現況

鑒於本校於2017年底始正式由校務研究辦公室統籌規劃及推動IR校務研究相關工作，故現有資料庫的盤點，及基礎數據的分析（即描述性統計資料）係為本校校務研究規劃中的初期重點工作方向。初期基礎數據工程的啟動，主要以「學生學習」為探討的核心焦點，藉由統整性的視角透過CIPP模式（Context-Input-Process-Product）規劃議題展開的構想如圖5所示。

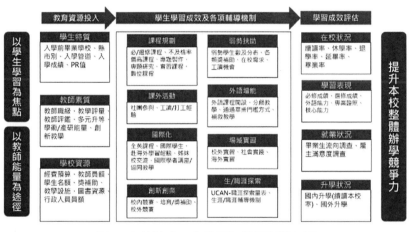

圖5　本校校務研究議題初期展開構想圖

具體而言，本校分別從教育資源投入、學生學習成效及各項輔導機制、學習成效評估等觀點切入，上述觀點分別有其相對應的展開議題（圖5採列舉方式呈現，未來仍會依個別議題分析結果進行滾動式的衍伸分析）。如就議題分析的現況，目前本校校務研究辦公室已初步盤點並完成有關學生特質、課程規劃、弱勢扶助、在校狀況、學習表現、就業狀況、生／職涯探索的基礎數據分析；此外

在教師能量相關議題分析方面，研發處亦透過校內教師團隊採專案委託的方式，從教師生命週期（Life Cycle）的觀點，分析本校教師在校歷程、教學負荷及學術生產力的關聯分析。

（三）深度議題分析工程：以基礎數據現況加深問題脈絡探討

奠基於已完成的基礎數據分析結果，本校將持續採取滾動式的方式，進行相關議題的衍伸分析，透過資料補充、分析觀點、理論基礎等加深及加廣議題分析的觸角，同時與校內相關行政、教學單位展開更密切的討論，期能提升各項校務研究議題分析結果的加值運用，落實以數據為基礎的校務經營效益提升行動方案。

舉例而言，本校以個別學年度入學生為分析的單位，初步發現近五年學生在校學習的歷程中，普遍以一年級學生課業被預警的比率相對其他年級高，同時該批被預警學生在後續學習歷程中申請休學、被退學（或轉學）的比率亦不低。據此，從深度議題分析工程的觀點來規劃，延續上述基礎數據分析所觀察的現象，將持續展開並探討究竟是哪些學系一年級的學生明顯出現學習困難？又哪些課程是造成學生學習落差的關鍵學科？從學生的角度分析，哪些原因與學習落差有關（如出缺席異常、時間規劃問題、參與社團或工讀等）？

貳、本校各學制招生現況及入學管道概覽

創校迄今，本校在人才培育管道已具備完整的學制類別，包括學士班、碩士班（含碩士在職專班）、博士班。目前在文學院、理學院、社會科學院、工學院、管理學院、法學院、教育學院共七大學院中，計設有29學系、47碩士班、30博士班、19碩士在職專班，在籍學生人數約11,000人（資料擷取時間：2020年1月），在深入探

討招生相關議題前，應先瞭解各學制歷年不同入學管道學生來源的分布及變化趨勢，因此本段將簡要說明目前不同學制別學生人數分布情形、來源區域分布，同時介紹本校特殊入學管道現況（如弱勢招生、特殊選才等）。

一、本校主要學制學生人數分布現況

整體來看，本校學士班、碩博班員額及現有學生人數分布的比率，約各為50%左右；至於在學生來源區域的部分，不同學制別的學生則呈現不盡相同的分布。

（一）不同學制學生人數概況

如圖6資料顯示，本校104-108學年度四大學制招生員額的比率分布，主要以學士班學生為主，約占46%左右，其次為碩士班的37%、碩士在職專班為14%，博士班則占3%；換言之，本校學生

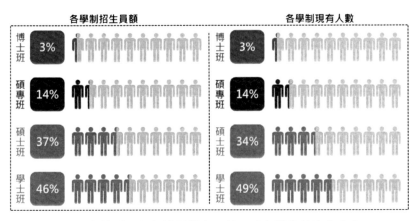

圖6　本校近五年各學制學生員額、現有學生數比率分布

資料來源：本校IR資料倉儲系統資料庫104-108學年度入學學生學籍資料。

員額學士班、碩博班各約46%及54%。至於在現有學生人數的分布上，同樣以104-108學年度入學的在籍學生數的平均概況來看，近五年各學制的占比並無太大變化，博士班、碩士在職專班在籍人數與招生員額的比率似相同，但碩士班、學士班兩者的比率，與招生員額占比略有不同，意謂各學制間的註冊情形消長，如學士班註冊率相較碩士班佳。

承接上文，本校各學制近四年（105-108學年度）註冊率分布如圖7所示（該數據所指之107-108學年度係包括境外生人數統計），類似於目前國內各大學招生現況及挑戰，除學士班仍維持九成五左右的比率外，研究所如碩士班、博士班及碩士在職專班則落在84%至88%的區間。其中，108學年度碩士在職專班的註冊率大幅成長提高為93.42%，經檢視各碩專班數據資料，發現近年招生待加強的系所，於次年度的註冊情形有明顯的改善，另有部分系所註冊率雖未見成長，但已著手規劃調整系所經營的策略。

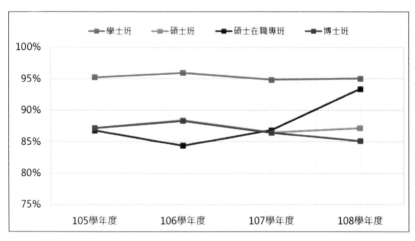

圖7　本校105-108學年度各學制註冊率分布

資料來源：擷取自本校IR校務資訊平臺公開資料。

（二）主要學制學生來源區域分布：以學士班、碩士班、博士班為例

　　瞭解學生的組成背景如不同入學管道、來源區域、來源高中、身分別、社經背景等，係為校務研究相關議題分析的基礎，亦是探討學生學習成效的重要背景脈絡。此處初步呈現本校學士班、碩士班（未包括碩士在職專班）、博士班學生的來源區域分布，由於近年本校各學制整體學生來源區域的變化不大，故圖8係以104-107學年度整體入學生來看，未再贅述不同年度的分布。

　　首先在學士班學生來源區域組成的部分，主要以來自北北基宜（24.38%）、中彰投（20.41%）地區的比率較高，其次雲嘉南（15.59%）、高屏地區（15.41）相當。碩士班學生來源區域的部分，主要以來自雲嘉南地區的比率相對於其他地區高，為23.80%，北北基宜地區（20.25%）次之，另為中彰投（17.89%）、高屏地區（14.68%）。博士班同樣以雲嘉南地區的比率相對較高（35.70%），其次為中彰投（12.90%）、北北基宜（10.84%）。換言之，總括本校無論學制別學生來自中彰投以南地區者，至少占五成以上，其中碩博班更達七成至八成多。

　　圖8所呈現的係為全校整體學生的分布情形，如就個別系所的資料來看，不同學制別學生來源區域的分布情形，對於各系所招生會相對應具有不同的意義及因應策略，如多個系所同樣呈現學生來源趨於鄰近區域化現象，但此現象卻可能因系所發展脈絡的不同，而存在對應的優勢或劣勢，故於本校的具體案例係由校務研究辦公室於校級會揭露全校性的分析資訊，個別系所於會後將會自主選擇是否向校務研究辦公室提出資料需求，再由校務研究辦公室提供所需資料作為其調整招生策略的參考（截至目前為止校內已累計15單位「自主提出」IR資料需求）。

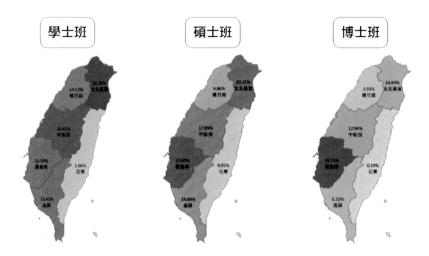

圖8　本校104-107學年度學士、碩士、博士班學生來源區域分布

註：學士班、碩士班除臺灣各地區比率分布外，各約有0.2%、0.3%來自澎金馬地區。

二、多元入學方案及推動現況

　　因應社會發展趨勢並配合政府人才培育方向，本校目前設有多元入學的管道，以學士班、碩博士班及其他管道分別說明；其次，基於後文所舉分析實例屬學士班招生運用，故以該學制為例說明近五年不同入學管道招生的情形。

（一）本校各學制各項招生入學管道概述

　　如前文所述，本校目前培育學生的徑路包括四大學制如學士班、碩士班、碩士在職專班、博士班，各學制的招生方式如圖9所示。簡言之，在研究所的部分，碩、博士班分別有甄選入學、一般考試，另設有碩士在職專班、數位學習專班兩途徑，供具在職身分者選擇報考。在學士班的部分，除三大入學管道（考試分發、個人

申請、繁星推薦）外，本校目前提供部分名額作為運動績優生、特殊選才、身障學生甄試、四技甄選、青儲戶（屬四技二專特殊選才），及二三年級學生的轉學考試。另外，在非本國籍學生的入學管道部分，本校設有國際學生申請入學、僑生（含港澳）、大陸地區學生的招生方式。

圖9　本校各學制現有之入學管道

　　其中，本校實踐大學社會責任落實照顧弱勢政策，目前於大學個人申請入學管道增設「嘉星招生」，該組學生採降低學測檢定標準、調降報名費用，並採取書審及選填志願方式簡化甄試程序，期提高弱勢學生入學機會；在該管道提供的員額更是逐年增加，107學年度分3組招收12人，108學年度增列為8組共29人，至109學年度的招生員額則增至32人。除嘉星招生外，本校在大學特殊選才管道不僅提供特殊才能考生報考，以109學年度招生員額為例，該管道即有近6成員額作為招收弱勢學生（計24人）。同時，本校在109學年度「青年教育與就業儲蓄帳戶方案」亦加入四技二專特殊選才「青年儲蓄帳戶組」招生，提供高中（職）學生多元的入學機會。

　　承上述，本校逐年增加弱勢學生入學的員額，同時兼採不同的入學管道（如個人申請入學、大學特殊選才、青儲戶等），至於學

生入學後的扶弱措施方面，本校與台積電合作設有弱勢學生人才培育計畫，該計畫提供嘉星招生入學之一年級經濟弱勢新生，可申請由台積電提供的獎學金，另學校亦提供學生在學期間共計15項的扶助措施，如課後輔導、校外實習獎助、職涯輔導活動培力、課外活動獎助、國際學術交流活動補助、住宿補助等。有關本校弱勢招生及扶助措施成效，後文將簡述初步的分析資料。

（二）學士班主要入學管道在籍學生人數分布現況

以本校學士班學生入學管道為例，除指考分發、個人申請、繁星推薦三項主要入學管道外，尚包括特殊選才、運動績優、四技甄選、身障甄試，以及與臺灣綜合大學系統（包括中興、中正、成功、中山共四校）共同辦理的轉學生考試。

透過圖10中104-108學年度入學生不同入學管道人數比率的分布情形（指在本校曾具學籍人數，非為本校各管道之招生員額），可

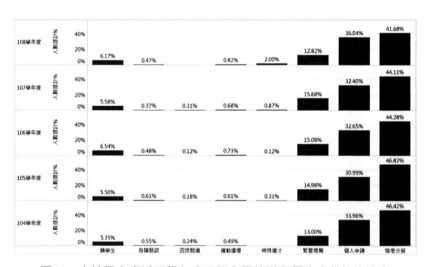

圖10　本校學士班近五學年度不同入學管道入學生人數比率分布

註：上圖數據係指當學年度入學且曾具學籍人數之比率。

以發現本校學生透過多元管道如個人申請、特殊選才入學的比率逐年增加，前者從33.96%增加至36.04%，後者則由0%增加至2%；另外108學年度如運動績優、轉學生的比率亦略為增加。

在促進招生多元化及專業化的歷程，本校為教育部106年第一批推動招生專業化計畫的學校名單（108年連續第三年獲補助），該計畫推動之初即與校務研究辦公室展開密切的合作，啟動各項與招生相關的IR議題分析，並於計畫推動第二年即提供各學系進行個人申請入學第二階段書面審查的參考資料，故除各學系尺規的訂定外，本校校務研究工作亦透過招生相關議題的分析，並於校級會議進行資訊揭露（如招生委員會），逐步讓IR文化紮根於校園內。

參、校務研究在本校招生策略之發展與應用

招生情形與學校教育實為相互關聯、緊緊相扣的，前者可能影響後者，後者亦可能攸關前者。因此，校務研究運用於本校招生策略擬定及調整上，除探討近年學生來源區域、來源學校及其學生數變化趨勢，作為教務處、各系所舉辦招生座談會，或與高中端建立教育夥伴關係等策略的參考。此外，亦盤點、串接學生入學後的學習表現及畢業流向追蹤調查等資料，逐步進行「入學背景→學習歷程→畢業流向」的整合性分析，將分析結果反饋至學校教育、課程改革、教師教學等面向的改善。

此段將先簡述本校嘉星學生學習成效，並舉三個實例說明本校如何從招生反思、啟動系所教育及課程變革的規劃。

一、多元入學管道學生學習成效：以嘉星學生為例

承上文，本校目前推動多種不同的入學管道，同時維持非指考分發管道一定的員額比率，即希望能透過多元的方式適性選才，其中

本段特別提出分享的係為本校針對嘉星學生入學措施及成效的推動。

（一）獲補助生入學即申請休學情形

　　本校「特殊選才」及「個人申請」入學管道，經濟或文化不利學生報名人數由106學年度35人，成長至108學年度264人，就讀比率達14.5%，遠超出目標值，顯示本校推動之助學措施符合學生入學期待。本校欲從入學穩定度觀點來探討弱勢註學執行成效，透過新生當學年度入學各項指標之分析，發現107學年度起推動弱勢學生扶助措施後，新生當學年度入學即申請休學分析比率降至0%（如圖11），且一年級休學比率亦降至0.94%，可凸顯扶弱措施推動後，學生就學趨於穩定，顯示本校嘉星方案等獎助機制的推動有初步成效。

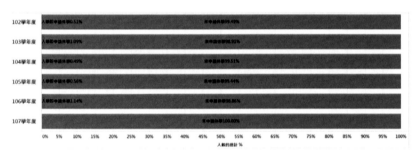

圖11　本校獲扶弱補助學生入學穩定度初步分析

（二）獲補助生在校學業成績表現

　　本校透過施測率達95%的新生入學高關懷篩檢，輔導中心學生晤談議題分析及資源教室身障個案系統統計，得以掌握學生學習困境。其中，學習預警制度配合落實課業輔導機制，共計324人次的參與，其中學生學業改善比率達50%。在職涯試探及輔導層面，於108年致力於導入CPAS一對一職業適性診斷，嘉星學生諮詢比率達71.8%，相較於一般生諮詢比率（約27.7%）高。

雖本校已特別針對嘉星學生推動課後輔導機制，惟如何確實降低學生學習落差，仍需進一步規劃更完善的措施。如圖12所示，該圖為本校曾獲補助弱勢學生的在校必修成績PR值分布，102-107學年度入學且必修成績PR值介於1-40者的比率平均在4成左右，初步推測可能非所有學生皆主動、願意接受課後輔導，此外如何在學生面臨學習落後前便即時提供主動式、預防式的輔導，將會是本校下階段嘉星學生扶助的方向之一。

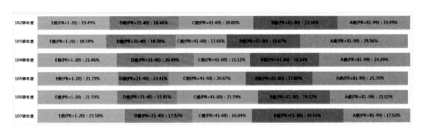

圖12　本校獲扶弱補助學生必修成績PR值分布

二、五選四有影響？初探參採學科調整與學生素質變化

透過學測成績作為學士班入學管道參採及篩選的類別，以及相對應的招生員額比率逐年增加，108學年度因應「五選四」變革而產生的輿論亦不少，至於從學校招生端如何調整？以及此項變革對於個別學系招生的影響為何？係本校關注的焦點之一，以下謹以初步展開的議題及初步的現象觀察說明之。

（一）本校因應五選四變革調整個人申請入學管道學測參採學科

108學年度考招政策的一大變革，即為學測成績最多僅可採計4科，本校14學系（組）原皆採計各科級分或五科總級分，因應此變

革部分學系改採「國英數自」、「國英數社」、「國英數」、「英數」等科目，校級招生單位及各學系對於這樣的調整，紛紛提出欲瞭解五選四變革對於本校招生的影響，惟此變革帶給本校的影響究竟為何，實待長時間的資料蒐集、數據分析及觀察，故此段僅以A系為例分享初步觀察的現象。

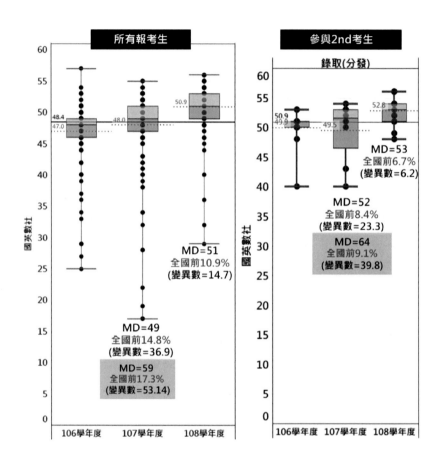

圖13　本校A系近三年個人申請入學管道報考生、錄取分發生素質分布情形

註：上圖標註灰框處為五選四變革前的原採計學科相對應的資料分布。

為瞭解五選四變革與考生素質變化情形，初步觀察報考生、錄取且獲分發考生的學測級分（取中位數；Median, MD）及中位數對應當年度考生成績整體累計百分比分布，同時參考本校當學年度考生學測成績的變異數瞭解分數落差情形，A系參考資訊如圖12所示。A系原個別採計「國、英、數、社」四科及「五科總級分」作為第一階段篩選的方式，五選四變革後取消總級分的採計，僅參採「國英數社」四科，換言之自然科成績的高低將不列為參採項目。

　　整體來看，五選四變革的第一年，有利於A系招收素質相對較佳的學生報考，如圖12左側資訊圖顯示如同樣以「國英數社」四科分析107學年度、108學年度報考生的學測級分，107學年度所有報考生的學測中位數位於全國考生前14.8%，所有考生的學測成績變異數為36.9，同樣108學年度報考生的中位數對應全國考生為前10.9%，同年度所有考生成績變異數為14.7；為比較變革前實際報考生的素質，以107學年度實際參採科目及相對應數值分析（圖12中標註灰底處），更可發現107學年度報考生學測成績中位數對應全國為17.3%，變異數更達53.14。同理，通過第二階段篩選且獲A系錄取分發者，近兩學年度的相關數值亦相對較佳。因此，A系因應五選四變革所調整的參採學科，初步瞭解有利於招收相對素質較佳的學生，惟實質的助益及成效仍有待長期的追蹤分析及觀察。

三、招生「現」困境？重新看見系所創新教學策略契機

　　誠如前文提及招生現況與學校教育實為相互緊扣的兩個議題，再者從本校相關問卷調查結果顯示，學生選擇目前就讀校系的主要考量因素中，除成績落點外，學校或系所的聲譽係學生考量的前三高因素之一；因此本校在招生議題的運用分析上，除從歷年資料發現系所招生現象的變化趨勢外，亦針對個別系所的人才培育目標、發展脈絡等面向，透過系級的討論會議挖掘後續可深入探討的議題

方向。此段所要分享的兩個案例,即為本校108年啟動的IR前導系所試辦機制的種子學系(B系、C系),這兩個學系具有類似的屬性,皆為傳統認知中的基礎理論學系,且招生現況同樣是迫切欲探討的議題之一,以下即分別簡述B系、C系的初探實例。

(一)基礎理論學系的調整:放寬課程修業結構增加自由選修學分數

B系學士班於87學年度正式招生,初成立前10年發現大一新生入學即申請休學的比率不低,其中甚至有2個學年度近10%,此外一年級就讀期間曾申請休學情形亦有類似問題,因此該系重新調整學士班學生修業規定,自97學年度入學生雖同樣須修滿128學分,惟其中45學分為自由選修學分,學生可修該系專業選修課程,也可選修其他學系課程;換言之,B系鼓勵學生修讀雙主修、輔系或相關學分學程,藉以培育學生多元的專長和能力。

根據圖14有關B系歷年學生申請修讀雙主修的比率分布來看,自97學年度提高自由選修採認學分數後,各學年度入學生申請修讀雙主修的比率普遍增加,尤其是自98學年度起連續三年各約有60%左右的學生申請修讀,同時經比對一年級期間曾申請休學的比率,於97-99學年度連續三年為0%,初步瞭解此修業規定的調整,確實略見其效益。惟又從該系歷年入學即申請休學、一年級曾申請休學的變化趨勢來看,近五年休學比率略有增加的現象,此問題已回饋予該系作為檢視學生學習輔導的參考。

此外,從B系學生選擇修讀雙主修的學院、學系別來看,歷年來該系學生主要以選讀社科院、文學院、管理學院的相關學系,其中又以心理系、社福系、經濟系、中文系、外文系的人數相對較多,初步瞭解學生選讀雙主修系別,可能考量與其原就讀學系領域相近(B係屬人文領域學系)。至於取得雙主修學位後,此種學習經歷對於學生畢業後升學、就業的幫助為何?則有待後續進一步分

析及探究，並作為B系檢視此項修業規則是否有需要調整，或是未來作為輔導學生在校學習規劃、生涯及職涯發展的參考。

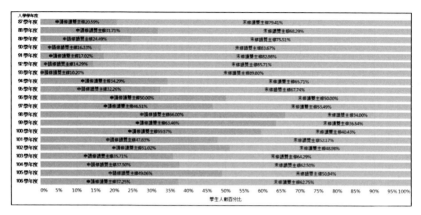

圖14　本校B系申請修讀雙主修學生人數比率分布

（二）啟動雙軌課程及教學改革：碩士班註冊率的反思

正取生流失或註冊率偏低，恐怕是目前許多大學所面臨的招生困境，從本校相關基礎數據的分析結果顯示，目前確實有部分系所出現類似的問題，因應的方式除調整招生宣傳策略外，如何改善系所教學及課程品質，提供適性適才的學習環境，可能是改善招生問題的根本解決途徑之一。

以本校C系為例（圖15），在啟動創新教學及課程改革的脈絡中，可以知道該系雖於2019年加入IR前導系所試辦機制時，始正式與校務研究辦公室展開合作及討論，但在本質上C系面臨碩士班招生困境與學士班二年級學生出現學習落差時，即已自主反思並展開IR自主研究。此處須特別說明的，是該系的IR議題分析和實務改善計畫，目前仍處於初期啟動的階段，所展開的具體改善行動方案，是否能帶來實質的成效，仍有待持續推動及長期追蹤。

【正式展開雙軌教學】
1.學生入學即自由選組修習課程
2.教師翻轉教學及學生自主學習

【加入IR前導系所試辦機制】
1.瞭解兩組學生學習成效差異
2.分析入學考試與學習成效關聯性

【學生學習困難】
一年級必修基礎學科仍能順利銜接，
惟二年級開始部分學生出現學習困難

【啟動創新課程改革計畫】
1.通盤檢視必修基礎課程結構
2.如何提高學碩五年一貫修讀人數

【招生困境】
1.碩士班註冊率低
2.大學部畢業生續讀碩士班比率不高

圖15　本校C系啟動創新教學及課程改革脈絡

　　根據近年碩士班註冊率資料顯示，C系已連續三年低於教育部員額減招門檻的標準（平均約在60%上下），同時也觀察到大學部畢業生續讀原系碩士班的比率亦不高，因此如何調整學士班修業課程的結構，連帶增加學生申請修讀學碩五年一貫的誘因，為該系研擬課程改革的關鍵因素之一。其次，則是該系必修基礎學科教師觀察發現許多一年級學生在課程修習歷程中，尚足以銜接高中階段的學習內容，因此在學習上不至於產生太大的困難，但到了二年級部分學生接觸抽象的符號及概念時，便開始產生學習上的落差。總結上述兩項C系自主IR探究所發現的問題，便正式啟動創新教學及課程改革的計畫。

　　自107學年度起調整課程結構並推動雙軌制課程，其中一組續採取傳統教學模式，另一組則為創新教學模式，學生入學時可自由選擇修讀課程的組別。自C系參與本校IR前導系所試辦機制後，校務研究辦公室協助分析學生選組傾向與學習成效，初步分析結果發現：不同入學管道學生選組略有差異，繁星管道生皆選傳統教學組，個人申請、指考選擇創新教學組的比率各為57%、43%，不同來源地區學生選組亦略有不同，約6成北部地區學生選傳統教學

組，反之中南部學生傾向選創新教學組。在學生學習成效的方面，創新教學組學生在其中一門學科的學習成績上略高於（$P<.05$）傳統教學組（已考量入學管道、來源區域的差異）。

至於在學生實質的反饋方面，該系IR自主研究探討創新教學組學生對兩門基礎必修課的回饋，74%學生認為成績符合預期、66%每週各花費超過4-8小時作課前/課後複習，且學生認為翻轉教學對理論結合實務情境非常有幫助，也非常強烈推薦學弟妹選讀。

肆、經驗的總結：
初生之犢，跟隨著IR領頭羊的腳步追趕著

本校在IR校務研究的發展上，相較於國內其他大學，實為初生之犢，一來啟動之初逐步奠定相關的基礎工作，二來亦慶幸已有許多大學累積的執行方式及亮點，足以作為本校學習的楷模及標竿，減少新政策推動初期因摸索而產生的機會成本。此段將分享本校推動IR校務研究迄今約2年5個月的經驗，包括推動過程中遭遇的困境、目前值得分享的特色，以及未來規劃的發展方向。

一、目前遭遇的困境

承上文所述，本校目前尚處於發展IR校務研究的初期階段，因此許多規劃及方案的推動亦努力追趕中。在遭遇的困境方面，謹從議題深化的方向、學生學習歷程資料兩方面來分享。

（一）校務研究議題深化的方向

誠如前文有關本校校務研究推動的脈絡及現況，現階段在議題分析的面向上，目前累積的成果尚屬於基礎描述性統計數據分析，換言之從實務運用的觀點來看，比較適合作為學校發展現況的瞭解

及初探，如未來要能具體作為校務改革的實質建議，實需有賴於從描述性統計數據繼續往下延伸的深度議題分析內容。因此，面對下一階段即將展開的深度議題分析工程，必須以現有的知識理論、實證研究成果為基礎，延伸可能探究的議題觸角及方項，再結合本校的組織特性、發展脈絡，逐步並完整地探討各項重要議題。

（二）學生學習歷程資料的懸缺

相較於歐美各國大學校務行政系統電子化及資料蒐集的現況，反觀國內可以發現仍存在很大的發展空間。從量化研究分析的視角來看，依據理論及現有研究成果，如欲發展一個完整的模型，或是精準預測某一項學生學習行為與學習成效之間的關聯性，需要有效控制許多重要的變項資料。在學校目前現存的資料面向，最為完整且系統化的，可能多半是學籍、成績、選課系統等資料，相對有關學生學習歷程的資料如課外活動參與、工讀情況、國際交流等面向可能是重要的懸缺資料。因此，資料的系統化與完整性，恐怕是未來國內各校推動校務研究所需面臨的挑戰之一。基於此困境，校務研究辦公室於下階段即將展開的深度議題分析歷程中，將視議題需求同時採焦點座談、個別訪談、小型問卷調查等方式進行資料的蒐集，以強化議題分析的完整性，並提高實務參考的價值。

二、值得分享的特色

IR校務研究不單單僅是一項業務或一個配合推動的政策，更應無縫式地融入組織運作及組織文化脈絡中，如此才能實質地展現校務研究的本質及價值。本校初啟動IR校務研究時，辦公室最常接到校內同仁提出的問題是：「什麼是校務研究？」、「校務研究辦公室在做什麼？」，甚至絕大多數的IR議題都是由辦公室自主啟動，也因此提出的參考資訊，常常與各單位需求存在不少落差。

有鑑於此，本校在第二年起啟動IR前導系所試辦計畫，踴躍配合校內單位提出的會議報告或資料需求，以下將簡述目前的推動成果。簡言之，本校在實質的校務研究議題分析深化尚仍有待持續追趕，經過近一年努力及各單位自主提出資料需求的現況，慢慢看見IR種子已在校園內萌芽。

（一）推動前導系所紮根IR有感校園

　　如前文所述，致力於讓校內單位認識IR、瞭解IR，本校於2019年中啟動IR前導系所試辦機制，動機係期待透過此機制的展開，讓IR種子在七個學院慢慢發芽。有別於專案委託的方式，校務研究辦公室採取個別討論、協助的模式，與前導系所進行初訪會議的討論，確定各系目前欲關切的議題方向，並階段性地進行議題的分析。

（二）與校內單位建立友善的合作關係

　　此外，校務研究辦公室與教務處等行政單位已建立密切、友善的合作關係，以本校推動教育部招生專業化計畫為例，兩單位在推動初期即密切合作，彼此提供資料分析的需求，並討論校內實務運作的現況。同時，辦公室亦樂於配合各級重要會議的專案報告，校級如校務願景共築會議、校務發展委員會、行政會議、招生委員會等，教學單位則有院主管會議、系務會議等（目前已累計15單位自主提出資料需求）。

三、未來的發展策略

　　綜言之，本校將依「系統建置工程」、「基礎數據工程」、「深度議題分析工程」持續推動並深化校務研究的工作，同時亦將致力於IR融入組織文化，透過各種機制讓IR種子繼續成長及茁壯。

基於此，IR校務研究在本校未來的發展策略，不將只是系統或平臺的建置，也不單僅是議題分析及報告書提供，如何落實以數據為導向的校務專業管理機制，同時校內習於運用IR系統性的思維模式，將會是本校推動校務研究永續性、持續性的目標。

參考文獻

彭耀平、劉峰旗、段盛華（2017）。校務研究資料建置與決策支援應用。**教育科學研究期刊，63**（4），27-51。

曾元顯（2016）。校務研究資料庫的建構與分析應用。**當代教育研究季刊，24**（1），107-134。

國立東華大學應用校務研究與招生策略

國立東華大學校務研究辦公室

壹、前言

　　國立東華大學位於花蓮縣壽豐鄉，為花東縱谷的起點，具有全國最美麗的校園，占地251公頃相當於10個大安森林公園，風景優美且極具建築特色為全國第二大的主校區。創校於1994年，為一所年輕的綜合型國立大學，東華並於2008年與花蓮教育大學成功合併，成為教育部為增強大學競爭力所積極推動大專院校整併下的典範案例。

　　東華大學108學年度設有8個學院、42個學士班、41個碩士班、14個碩士在職專班、17個博士班、多個校屬研究中心。其中設於壽豐校區的7個學院分別是理工、管理、藝術、環境、花師教育、人文社會科學、原住民民族等學院，而由國立東華大學與國立海洋生物博物館合作成立的海洋科學院則坐落於墾丁國家公園內。學生總數約近10,000人，其中國際學生約為1,000人。專任教師458人，其中94%具有博士學位。是唯一在校園內就可選修海洋獨木舟和攀岩課程的大學，並首創司令台就是攀岩練習場。

　　東華大學具有自由開放的校風，近年來並屢獲各項世界大學排名的肯定，2020年《泰晤士報高等教育特刊》全球入榜1,396所大學中排名第801-1,000名，排名臺灣36所入榜大學之第10名（並列），

其中在「研究聲望」排名全球第477名，「電腦科學」領域評比指標之「論文引用」及「國際聲望」分數表現，更名列臺灣高校第1名，同時繼2019年獲得泰晤士亞洲高等教育獎（THE Awards Asia）「領導和管理團隊」提名，2020年再度獲得「領導和管理團隊」，並新增「年度最佳工作場所」及「藝術卓越和創新」共3項提名，為亞洲5所大學榜首之一。在《美國新聞與世界報導》年度全球最佳大學排行榜，全球排名1,303名，為臺灣上榜26校中第20名。於QS亞洲大學排名，全亞洲550所大學入榜，東華排名於261-270名，在全臺36校中，排名23名。顯見東華在國際聲望、研究成果、教學品質及國際化程度等指標表現，深獲國際評比機構的肯定。

貳、校務研究分析與招生策略

東華大學校務研究與招生策略的研擬上，首先針對所處的大環境進行下列三項分析，分述如下：

一、大學部生源分析

在生源分析方面，如圖1所示為108學年度大學部新生分佈縣市的分析，其中最高的為新北市約占17%、臺北市約占12%而高雄市則約占11%、桃園市約占9%，這四個縣市為東華主要的生源來源。

經由統計分析104學年度到108學年度大學部學生所畢業的高中，可以得出就學人數最多的十五所高中分別是國立宜蘭高中、國立花蓮高中、國立花蓮女中、臺北市立內湖高中、國立蘭陽女中、高雄市立前鎮高中、新北市立新店高中、新北市立中和高中、國立羅東高中、臺北市立景美女中、臺北市立中正高中、新北市立新莊高中、臺北市立南湖高中、國立陽明高中、國立鳳新高中。

因此在辦理招生活動時，除了從縣市的角度分配資源外，也

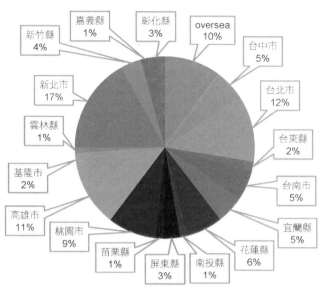

圖1　108學年度東華大學學士班生源分佈縣市

針對既有的重點學校積極參與高中端宣導活動與學系特色介紹等活動，並且針對生源數較低的學校強化宣傳及與高中端建立連結，安排名師出馬等演講活動及暑期營等高中生專屬活動，提升學校於高中端的能見度增進雙向交流。

二、生源競合分析

　　在生源競合分析方面，係透過撰寫網路爬蟲程式擷取網路錄取放榜資料進行分析，梳理出學生針對大學入學志願選擇狀況，進一步分析當學生同時錄取多所學校時最終之選擇行為，如圖2所示為錄取多所學校而選擇就讀東華大學所放棄的學校。而圖3則顯示同時錄取東華與其他學校時，最後選擇就讀其他學校的分布狀況，藉此可以瞭解在學生選擇就讀學校時，東華與其他學校的競合狀況，

顯示本校與中原大學、輔仁大學、東海大學、東吳大學、國立臺東大學及國立屏東大學在生源上有局部的重疊性，因此可據以在相關的宣傳活動與招生考試時間選擇等進行因應。

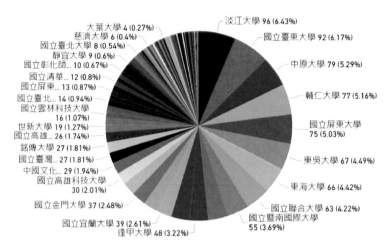

圖2　108學年度生源競合選擇就讀東華大學

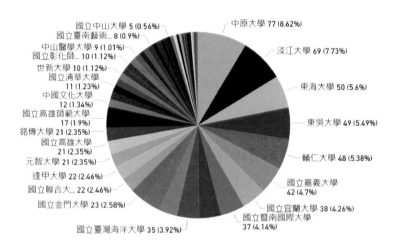

圖3　108學年度生源競合選擇就讀其他學校

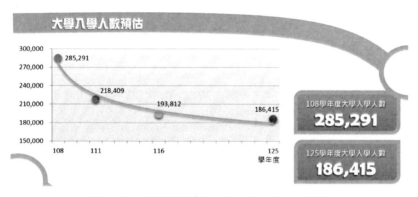

圖4　少子化衝擊大學入學人數預估減少趨勢

資料來源：臺灣校務精進協作計畫，2019招生策略規劃參考手冊

三、少子化的衝擊

　　少子化為近年來影響大學招生策略最大的因素，如圖4所示為大學入學人數預估減少的趨勢，隨著出生率的下降，大學入學人數亦日益下降，108學年度降至28萬5千人，預估到了125學年度將只剩下18萬6千人，約減少了10萬學生，勢必衝擊大多數的大學招生，因此每所大學的招生策略均以如何因應少子化衝擊為第一要務。雖然東華持續維持良好的報到率與註冊率，但學生的先備知識仍有逐步擴大的狀況，因此在教學上需要針對提升基礎知識方面，透過推動增強線上數位補充課程作為因應。

　　圖5所示為各地區高中職高三學生的分佈狀況，圖表中呈現北中南各區普通型高中與技術型高中學生比率的差異，也揭示技術型高中各專業領域培育高中生的比率。其中以北部地區佔有高中學生最高的比率，北部普通型高中占比高達49.7%、技術型高中也高達39.2%，因此北部地區向來為各大學招生的重點區域，也反映出長

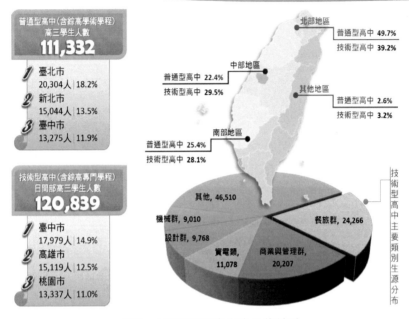

圖5 107學年度高中生分佈統計

資料來源：臺灣校務精進協作計畫，2019招生策略規劃參考手冊

期以來教育資源集中於北部地區的現象，掌握大環境的脈動才能更好的制定妥適的招生策略。

為因應主要生源集中於北部與南部的狀況，因此在相關招生博覽會也調整資源因應，集中資源投入北部招生博覽會的參與，並協調部份資源進行南部地區的招生宣傳活動，並積極推動名師出馬等各系教授至高中端宣導演講活動。未來並將積極開拓中部地區生源。

透過前述生源分析、競合分析、少子化趨勢分析與高中學生分布分析後，瞭解大學招生所面臨的大環境問題後，可以瞭解國立東華大學地處東部，為人口及高中教育資源較缺乏的地區，因此必須

積極發展特色才能廣泛吸引人才，因此東華大學制定了下列三大因應策略，分別是「發展東華特色，強化招生活動」、「正視地理區域的弱勢，積極改善行的不便」以及「積極留才與推動國際化，強化生源穩定性」等，各因應策略的具體工作細節則於下列小節分述說明。

參、發展東華特色　強化招生活動

一、全校學程化　降低雙主修門檻

東華大學長久以來均以擁有自由開放的學風為豪，因此首先調整大學的修課規劃方式，如圖6所示將全校課程學程化，依照系、院、校三級進行不同的規劃，引導學生能夠適性揚才。

首先，為了增進學生的基礎能力與增廣見聞，推動了37學分的「校核心學程」，各學院則針對培養的重點制定「院基礎學程」，以

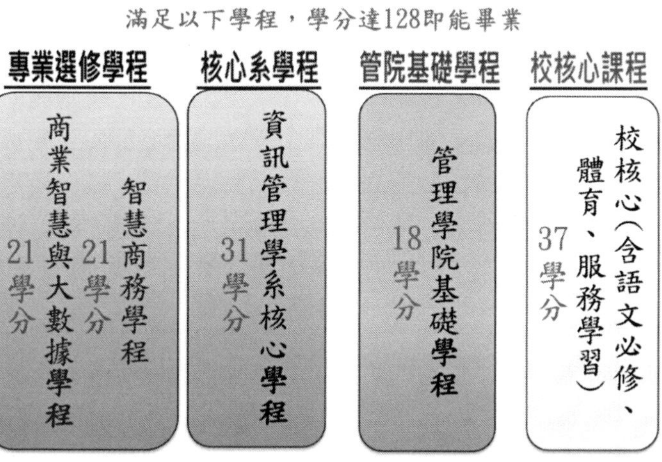

滿足以下學程，學分達128即能畢業

專業選修學程　核心系學程　管院基礎學程　校核心課程

商業智慧與大數據學程 21學分　智慧商務學程 21學分　資訊管理學系核心學程 31學分　管理學院基礎學程 18學分　校核心（含語文必修、體育、服務學習）37學分

圖6　東華學程化課程規劃：以資管系為例

管理學院為例訂定了18學分的課程，108學年度起並配合「AACSB」認證計畫推動，將管理學院的院基礎學程增至20學分。而學系的部分則制定了必修的「系核心學程」，以資訊管理學系為例為31學分，再依照系所發展方向、科技發展趨勢與家長、雇主及社會期待等定期調整，發展出「系專業選修學程」，透過套裝課程的設計培養學生專業的競爭力，以資訊管理學系為例規畫了「智慧商務學程」與「商業智慧與大數據學程」兩個學程各為21學分，供學生可以依照興趣二選一發展為自己的專業專長，提升自己的競爭力。避免學生因為缺乏規劃的隨意修課，導致四年下來無法發展出明確具備專業競爭力。如此一來未達畢業門檻128學分的部分，只要適當的加選其他有興趣的學程，很容易可以達成副修、輔系、雙主修的規範要求，培養出社會迫切需求具有跨領域專長的 π 型人才與斜槓青年。也使得東華大學成為全國第二大培養專業跨領域修課的大學。

二、招生專業化　多元化參採

　　東華大學係於106學年度第一批參與教育部招生專業化發展試辦計畫的學校，因此發展出專業的「多資料參採、重視學習歷程」方式選才，連續五年全校均投入辦理招生專業化，持續發展「個人申請審查優化」計畫，運用學生高中學習歷程發展出公開透明的審查評量尺規，並持續積極與高中端教師交換意見，確保能考量各個學生所具備不同的專長和特色，達到多元化參採選才的目標。招生專業化現行重要工作可以歸納為下列五項：

（一）聚焦學習表現：多資料參採、重視高中學習歷程與多元
　　　表現，銜接108新課綱。

（二）專業人才培訓：辦理工作坊，模擬試評，規劃招生策
　　　略、人員培訓、讓審查委員建立評分共識。

（三）各系發展評量尺規：提升審查嚴謹性、客觀性、一致性及鑑別力優化，以防欠缺共識基礎，同時進行差分檢核，避免極端錯誤評分方式。

（四）建構個人申請準備指引：於個人申請報名時，公布於學系網頁，引導考生準備查資料時，能對焦到大學校系人才選拔需求

（五）開發系統，選才育才結合：開發評分輔助系統，協助教師端系統化搜尋，建置學生學習表現資料庫，得以追蹤在校學業表現，並檢視招生策略。

如圖7所示為東華針對第一期招生專業化發展試辦計畫所擬定的審查尺規發展過程，建立專責單位，協助各系建立招生專業團隊，建立審查評量尺規，並積極培訓審查人員，能夠落實評量尺規針對學生的學習履歷與書面審查資料進行公平客觀的審視。經過了定期的實施與檢討改善後，持續制定了如圖8及圖9的第二期與第三期的招生專業化發展試辦計畫所擬定的審查尺規發展過程。

圖7 第一期招生專業化審查評量尺規發展過程

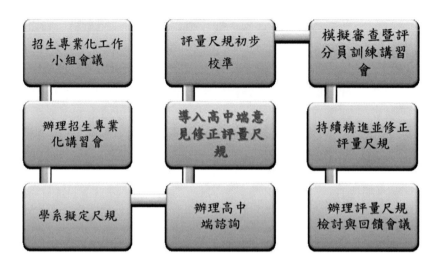

圖8　第二期招生專業化審查評量尺規發展過程

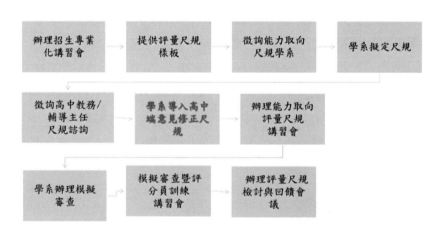

圖9　第三期招生專業化審查評量尺規發展過程

針對招生專業化將在下列方向持續突破與進化：

（一）促進高中端與大學端對話：積極參與高中諮詢及高中觀議課程，讓大學端教授深入了解高中教學現場改變。

（二）重視高中學習歷程：鼓勵學系重視高中課堂上之學習歷程，並重視學生學習啟發及省思，消彌城鄉差距。

（三）促進校園多元性及社會公平性：請考審委員考量文化及經濟不利考生學習表現，綜整給予酌情加分，讓相對弱勢學生有機會進入大學。

（四）推動能力取向評量尺規：強調學生特質及多元表現，以期能適性選才，避免軍備競賽。

（五）結合校務研究改進招生策略：提供各式分析供學系參考，藉以修正招生方式，藉而提升招生名額使用效度。

三、推動特殊選才　甄拔優異人才

　　為了針對特殊人才以及體制外自主學習的學生研擬適合的拔才機制，東華大學推動了特殊選才的機制，擺脫學測的限制完全由學生來展現其獨特的能力與才華，透過各領域的專家教授共同參與，選拔合適的優秀人才，提供不分系的適性選課規劃輔導。如圖10所示，特殊選才的對象為具有各領域特殊表現的人才，尤其是不容易透過原有學測或推薦甄選展露長才的優異人才。招收的學生大一不分系，並且為了增進其環境適應能力搭配提供班級導師和學院導師，輔導學生可以擬定適合的修業規劃發展所長，並媒合具有適當專長的教授及課程，協助學生強化其優勢與專長。學校並針對其特性，設計了三項課程，分別是培養理性思考的「創意思考」課程、增進文化涵養的「口語表達與禮儀實踐」課程，以及陶冶其在地關懷精神的「認識花蓮」課程。

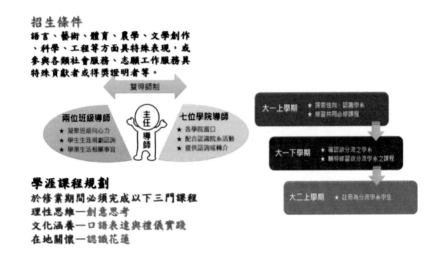

圖10　推動特殊選才活動

　　108學年度特殊選才報名人數159名，錄取名額8名，到了109學年度報名人數激增至275名，而錄取名額為17名。顯見特殊選才的需求和辦理成效均相當良好，將持續推動相關的選才活動，並提供學生所需的專屬生涯規劃輔導機制。

肆、正視地理區域的弱勢　改善行的不便

一、改善交通條件　便利通勤

　　各地學生到東華大學最主要的交通工具為鐵路運輸，因此東華積極與台鐵溝通，爭取太魯閣號與普悠瑪號等新自強號每天有多班停靠學校旁的志學火車站，大大提升了學生返校通勤的便利性，學生不再需要多花半小時的時間到花蓮火車站搭車，從東華大學搭火車往返臺北車站只要兩個半小時。

如圖11所示，東華大學並爭取設立了全台第一條純電動高底盤公車行駛於校區與花蓮市區，並於東華的正門旁設立了電動公車的充電站，讓外地學生、交換生、國際生能更便利的往返市區，提高師生的交通便利性與生活機能。

圖11　行駛於校區與花蓮市的301高底盤純電動公車

圖12　東華提供最高的宿舍供給率和住宿滿意度

二、提供全國最高的宿舍供給率

　　東華大學九成的學生為外地到花蓮就讀，因此東華極力推動提高學校宿舍品質，並提供六千床位，為全國最高的宿舍供給率，並且均以套房的方式提供獨立衛浴設備，保障大一、大二學生均可於校內住宿，如圖13所示各項週邊設施如交誼廳、曬衣場、自動投幣式洗衣機等均寬敞舒適品質優異，因此宿舍品質深獲學生滿意。並且針對學生校外賃居需求，提供住宿品質標章及賃居訪視，確保學生外宿居住品質，協助保障學生住的權益。

伍、積極推動留才措施與提升國際生源穩定

一、推動五年學碩士一貫計畫

　　東華為爭取優異的學生於本校繼續攻讀碩士學位，提供了五年學碩士一貫學位計畫，簡稱為三＋二計畫。如圖13所示，有意院的學生於大三爭取參與三＋二計畫，審查合格通過的學生即成為準研究生，可以開始修習碩士班課程，將大四當成碩一開始學習，碩一即可完成學位論文取得碩士學位。並且提供獎學金和學雜費減半，讓學生可以更好的規劃大四時間，縮短修業時間提前取得碩士學位，每年均可爭取許多表現優異的學生留校攻讀碩士，不但省時還可以節省學費及學分費，更可以提早進入職場或攻讀博士學位。

　　東華大學整合校務研究與專業化招生活動，研擬招生策略吸引優秀的人才就讀，並提供更多的修課彈性和跨領域學習機會，培養符合社會期待的優異人才，近幾年於大學部招生均維持優良的報到率與安定就學率。

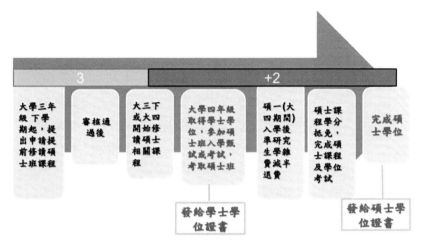

圖13　五年學碩士一貫學位計畫

二、發展陸生專班　聯合培養學生

　　由於臺灣具有良好的教學研究環境，所以對於大陸學生有很高的吸引力，而且大陸學生在語言上沒有太大的隔閡，在教學及教材上不需要額外的準備，因此發展陸生專班也成為擴大招生的一項重要策略。如圖14所示，以107學年度為例全國有9,006位陸生就讀，其中以臺北市為最多占了3,355位，達37.3%。東華大學也與多所大陸優秀大學簽訂備忘錄，提供就學和交換的名額，以福建農林大學為例，更於2013年12月與東華大學會計學系簽訂3+專案合約書，2015年及2016年管理學院主管兩次拜訪福建農林大學。

　　並於2017年7月結合雙方辦學優勢及資源，簽訂本科生聯合培養人才專案合約書，透過「3+1」模式進行分段培養、無縫對接的聯合培養，該校會計學系本科生在大三至東華大學管理學院會計學系進行一年的專案專業學習，2018/9-2019/6福農10位學生來臺至東華大學就學。

第二階段2019/9-2020/6福建農林29位學生在東華就學,後因新冠肺炎疫情暫時終止2020年2月起的學習活動。

此一專案交流活動達成了三項交流合作:

(一)分段培養、無縫對接:學生第三年在東華可藉持續進行專業學習,此外更深入瞭解學習地的教育人文及各項文化異同,深化高校教育合作交流實質意涵。

(二)具彈性的課程安排:會計專業以外加入各項創新創業課程,淡化專業界限後,可培養兼具會計專業及創新創業型人才。

(三)兩校師資交流:兩校教學資源互相支援,加強雙語教學嘉惠學生。另閩台師資的雙向交流,可以提高兩校教師教學品質及觸發教師研究動能。

圖14　107學年度全國陸生人數及分佈狀況

資料來源:臺灣校務精進協作計畫,2019招生策略規劃參考手冊

此外,本校也於2016年9月20日與福州大學簽訂「臺閩高校聯合培養人才專案辦學合約書」,本案主要採用4+0及3+1兩校合作的培養模式。自2016年10月開始,電機工程學系陸續安排教師前往福

州大學進行專業交流，主要針對4+0的同學（4年均在福大念書，但會接受來自本校電機工程學系教師的專業指導）。

而3+1的交流，則由該校海洋學院電氣工程及其自動化專業科系之同學於大三期間至本校電機工程學系進行一年的專業學習培養。2018年9月第一批14位學生到校進行一年的專業學習交流；2019年9月第二批39位大三學生到校，後亦因新冠肺炎疫情之故暫停108-2學期的交流課程。

107年6月14日、107年11月15日及108年6月10日電機工程學系邀請福州大學老師來訪，同時他們亦能瞭解在電機工程學系進行交流的學生學習狀況。福州大學在兩校簽約後，每年都邀請本校參加他們9月的開學典禮。藉此專業交流活動，可以激發兩校學生的學習動機，互相成長，達到培養人才專業辦學的最大效益。

三、推動國際認證　吸引國際學生

國際教育品保認證有助於推動國際合作談判的推動，因此東華大學除委託評鑑中心推動系所評鑑外，建立教學品保機制外，亦積極推動相關教育品保國際認證，如此不但有助於提升教學品質，亦可以增進對國際學生的吸引力，其中管理學院於2018年起即著手推動國際商管學院促進協會AACSB認證（The Association to Advance Collegiate Schools of Business），並於2018年10月25日正式成為AACSB會員，相關Learning Goals及Learning Objects及認證規劃，已經通過核備後續將由AACSB指派輔導員協助相關認證實質作業的推動。

四、提升國際聲望　增進國際交流

少子化導致生源不足是全國各大學均無法迴避的嚴重問題，因此積極推動國際化爭取國際學生就讀是各校均大力推動的方案，如

圖15所示107學年度全國大專院校有28,389位外籍學生，其中大學校院占56.1%、技專院校則占43.9%。且於私立大專院校就讀的比例比公立大學院校多。

　　東華大學優美的校園、良好的軟硬體設備和優異的國際評比表現，有助於吸引國際學生就讀，因此東華亦致力於爭取外籍國際生，提供3個學士班、12個碩士班、10個博士班的全英語學程，爭取包含南向政策東南亞學生，以及其他亞洲如蒙古、印度等地學生及歐洲、美洲、非洲等地國際學生，總計約為1,000名學生，約占東華學生的10%，因此校園中常見本地學生與各地國際生共同學習交流，也增加本地學生赴外國交換與留學的比率，簽訂逾300所國際合作交流盟校，每年提供500個出國交換機會。

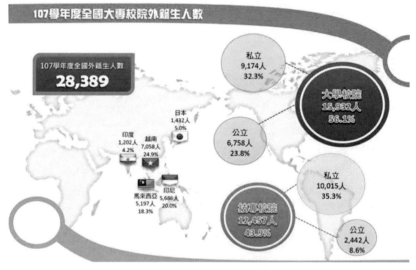

圖15　107學年度全國大專院校國際學生統計

資料來源：臺灣校務精進協作計畫，2019招生策略規劃參考手冊

陸、結語　競爭加劇　附中加值

　　招生問題的檢視與策略發展為長期持續且因應環境動態變動的問題，除了面對長期少子化長期發展趨勢外，隨著108學年度新課綱的推動大學端需隨之因應111學年度新的招生選才課題，以數學參採為例全國各大學針對同一領域學系在參採數學A或數學B的看法分歧，未來不但會造成考生選擇的困難，也會為大學招生選才帶來更高的不確定性。東華大學除積極參與各項說明會、公聽會及積極高中端的諮詢會議外，目前也積極推動結合國立花蓮高中為附屬中學的計畫，於民國109年5月20日東華大學校務會議順利高票通過合併計畫書，藉由兩校結合可以讓東華更加了解高中端的課程設計與需求，相關政策研擬也更能符合高中端的期待，強化東華的招生競爭力。

臺灣校務研究與招生策略之發展與應用
——國立清華大學

祝若穎[1]、彭心儀[2]、焦傳金[3]、林世昌[4]

壹、前言

　　校務研究（Institutional Research, IR），也稱之為校院研究、機構研究，美國校務研究協會（Association for Institutional Research, AIR）將IR定義為「促進高等教育機構理解、規劃和運作的研究」；Peterson（1999）賦予IR積極效用，指出IR不僅提供制度的改進與管理，更有助於機構的適應、促進與協助發揮制度變革的重要作用。據此，與學校發展相關的事務，均可視為IR實務研究及學習內容的範疇。Howard、McLaughlin與Knight（2012）指出，校務研究的分析議題內容涵蓋廣闊，舉凡學生事務與學習、教師教學與聘任、招生預測與入學管理、畢業生流向、標竿分析（benchmarking）、預算分析、績效指標。美國教育部教育科學院（Institute of Education Science, IES）院長J. Easton即指出，近年來許多學校極為重視招生策略，希冀能吸引學業表現較佳之學生，不僅可提升學校評比及聲望，更可確保學生素質與在學表現（Mandinach & Gummer, 2013）。

---

[1]　祝若穎：國立清華大學校務研究中心助理研究員
[2]　彭心儀：國立清華大學招生策略中心助理研究員
[3]　焦傳金：國立清華大學生命科學系特聘教授兼教務長
[4]　林世昌：國立清華大學經濟學系教授兼校務研究中心主任

近十年，國內高等教育生態急遽變遷，包括大學數量擴增、大學錄取率攀升、教育經費下滑、少子女化現象等衝擊，國內各大學面臨嚴峻的校際競爭與生存壓力，開始積極思考招生策略以改變困境。教育部（2018）「大學招生專業化發展試辦計畫」的辦理事項之一即為：「結合校務研究與招生改進及專業發展作法」。教育部自2017年起逐年邀請大學參加招生專業化發展試辦計畫，強調大學招生端應結合校務發展、整合運用校內各類行政資源，檢核與追蹤各管道入學生的學習表現，並反饋給校內招生單位據以調整招生策略。因此，教育部的招生專業化計畫強調校務研究專業管理在招生中扮演重要角色，其影響對於各校在招生策略的擬定，不再局限於經驗法則，而是依據強而有力的證據，包括學校未來學生生源預測、依招生成效判定學系減招或退場、新生選擇校系考量因素、學校招生的特色發展等面向，透過數據分析歸納出結果，協助學校決策者做出最有利的判斷。

　　以國立清華大學（以下簡稱「本校」）而言，雖目前整體招生狀況較未受少子女化衝擊，但如何提升學校聲譽、吸引學生來校就讀，以及如何開拓學生的來源，亦為本校校務研究與招生策略的重要議題。彭森明（2019）認為校務研究與招生專業決策人員所面臨的重大挑戰是：

一、如何改善招生方式，讓學校的學生更多元，並能反映社會實際狀況？
二、如何招收到學校所期望的學生呢？
三、如何能照顧到弱勢學生，發揮教育正義的精神，讓所有學生都能開發潛能，達到人盡其才的理想目標呢？

　　本校依上述招生原則，秉持招生專業化的精神，與本校校務研究中心（前身為學習評鑑中心）校務研究管理機制之結合，建立

一套學生的學習規劃與成效評估系統；同時，借重本校教務處招生策略中心的招生經驗與相關數據，沿用過去校務研究中心長期追蹤學生在學表現與畢業成效為基礎，繼續延展至就業流向追蹤與學用合一機制，建立以學生為中心的入學、在學、畢業端的教育渠道（educational pipeline）學習歷程管理機制，透過協作與分析相關數據資料，做為學校決策的依據，以發揮校務研究的專業管理功能。

　　本文希冀以招生專業化與校務專業管理的精神，依據強而有力的實徵導向，結合校務研究和招生策略的「教育渠道」概念，不僅能在招生端提升學校招生精準度，招收多元優質且適才適性之學生，也能於在學端與畢業端，系統性地檢視招收學生、入學安置與輔導、在學表現、畢業成效，以及就業追蹤回饋等學生流向，其分析結果再回饋至招生實務，建立具專業且科學化的招生策略與校務專業管理的評估系統。

貳、清大招生現況分析

一、多元化招生與多元化人才培育

　　「校園多元化」是全球頂尖大學追求的目標，2002年起，教育部推行多元入學方案，除了招生管道的多元，更期望能招收來自不同區域、社經地位、族群、年齡層、與不同學習背景與經歷的學生，進入大學學習，透過互相包容、互相尊重的學習環境，激發其多面向思考與解決問題的能力，提升學習成效與公民參與（civic involvement）；本校認為大學生的多元組成，不僅能實現社會正義，更能促成大學在多元的基礎上追求卓越，為國家培育多元化人才（教育部，2013；Bowman, 2010）；例如，美國加州大學（Universities of California, UC）設立招收非學業優異表現或跨領域

才能學生的制度，其所使用的評估方法（Comprehensive review）包含14種面向，如標準化測驗成績、高中成績、特殊才能、居住地區和種族等。和一般的入學標準相比，該評估方法提供學生展示自己才能的機會，因此強調多元入學標準已是未來不可避免的趨勢（Lin & Liou, 2019）。

多元化招生，是達成多元化的第一步，學生入學後的多元化培育，更為關鍵。過去十多年來，本校努力建構以「人才」為本的三軌培育模式，第一軌為「學系」學習，第二軌為「學系模組化」的學習，在既有的學院架構、128個畢業學分之下，修習「跨領域、雙專長」且延後分流的學院學士班課程，學生可紮實地接觸不同領域的核心課程，又可依照其興趣能力做調整，日後能往更深入的學術研究與應用發展，且不致增添學生的畢業學分數及修業時間；又如2008年創立以學生為主體的「清華學院學士班」，以多管道招收不同特質學生，擷取國外住宿書院之精神，經歷一年探索期再分流至校內各學系（班），以達成全人教育，培育社會各領域的領導人才。

第三軌以打破學系模組化概念的「個別化」學習模式，裝備學生擁有探索未來世界的能力為主要目的，為國家培育被傳統框架埋沒的人才；例如，為了解決校內無法完全對應部分特殊選才學生專長的困難，本校於2017年規劃「客製化學程」，提供學生適性發展的機會，開創學生未來生涯發展更多可能性；於2018年成立大學實驗教育雛型之「實驗教育方案」，讓學生能自主選擇指導教授、業師組成個人專屬的學習輔導小組，自行組合校內外將近100學分的課程，提出未來三年的課程規劃與畢業專題，課堂之外的海外學習也能取得學分。

二、成立招生專責單位－教務處招生策略中心之緣起、主旨、功能

　　本校依教育部第一期「大學招生及入學考試調整研究方案」計畫之建議，同時汲取國外頂尖大學以「校級單位」專業招生作法，於103學年度成立「招生專責辦公室」，初期以執行「招生卓越計畫」試辦招生專業化發展機制；104學年度起，本校將招生專責辦公室納入本校教務處之非編制組織，正式更名為「招生策略中心」（以下簡稱「招策中心」），於107年1月通過招生組與招策中心合併案，以「招生策略中心」為名納入組織規程之正式單位，於107年8月1日開始合併運作；合併後的招生策略中心，綜理本校大學部10個學院與學院內各學系（班）招生相關試／事務工作，也負責大學部之部分招生管道招生、策略、建立回饋機制之訂定與施行，並執行部分管道之審查與招生作業，上述業務串連招生工作之策略研發、試務執行、以及數據分析，讓招生作業更趨於完整（如圖1之組織架構圖）。

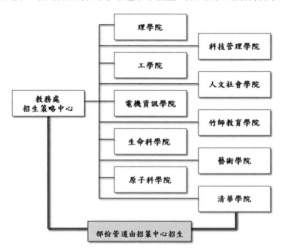

圖1　清華招生單位之組織架構圖

本校招策中心目前專責以下四項任務：

（一）建置標準招生作業流程（SOP）：彙整與清楚呈現招生事務，協助相關人員有效率地掌握整體招生工作，內容包含個資保護、試務作業要點、審查/口試作業標準流程、與成績申覆機制等。

（二）分析、制定選才指標與審查機制：協助學系（班）制定簡章、學測檢定與篩選原則，以及發展個人申請管道之書面審查評量機制[5]／尺規，更細緻地審查學生的高中書面審查資料與學習歷程檔案。

（三）執行校級招生與建置審查輔助系統：招策中心以學校整體招生需求，擬定招生方向與選才標準，以專業審查方式辦理六個管道之相關試務工作（如特殊選才、經濟弱勢招生），負責培訓來自全校各學系（班）教授成為校級招生委員，並以全方位審查方式評量考生的學習動機與人格特質。此培育模式可謂臺灣積極革新大學部選才方式的領頭羊。

（四）提供招生相關之策略分析與建議：招策中心與校務研究中心以「數據導向招生成效分析模式」（如圖2），系統化地追蹤、分析學生入學表現、畢業升學及就業數據，根據分析結果修正招生標準，定期赴學系（班）提供標竿學系招生作法與諮詢回饋，以達成精準選才的目標。

---

[5] 如何建立更具專業化的書面審查制度，Bastedo、Bowman、Glasener與Kelly（2018）曾點出美國招生辦公室對全面性審查（holistic review）如何進行尚無共識，亦未有通用的定義。因此本校特別著重於專業審查培訓與作法，包括所有的審查者需接受訓練，閱讀評分不同的申請案例，根據校系的招生政策及評分原則，逐案討論，使審查者形成共識，並邀請邀請美國Stanford大學招生處長R. Shaw到校辦理審查研習營，分享指導全方位審查之實務做法等（王潔，2017）。

圖2　清華招策中心之數據導向招生成效分析模式

從圖2來看，本校招生策略中心與校務研究中心為有系統地的分工合作且互動交流緊密，近兩年亦進行許多合作議題，擇要摘錄如下：

1. 分析各入學管道（繁星推薦、個人申請、與考試分發）在校學習表現。
2. 分析本校特殊專長（含美術、體育、創新領導組）學生分流後的學業表現。
3. 分析本校旭日學生的學習表現與課外活動參與概況。
4. 分析個別學系學生在校學習表現，作為招策中心赴學系進行招生座談會之佐證數據。
5. 招策中心「學生學習表現數據分析平台」與校務研究中心「校務研究資料庫」之串接與整合。

從上述議題分析來看，校務研究透過證據為導向的管理模式，作為大學校院擬定招生相關策略之依據，提供學校經營診斷、提供發展因應策略計畫轉型創新的重要方式，進而作為校務經營發展策略之方針，使學校不僅能提升招生品質，更能依據學校特色發展，招收多元優質且適才適性之學生。下節以特殊選才學生為例，說明近來本校如何整合校務研究與招生策略的重要分析議題，進行案例分享。

參、校務研究與招生策略之分析議題
——以特殊選才學生的學習成效為例

一、探究特殊選才學生學習成效的緣起

教育部自104學年度起推動「大學辦理特殊選才招生試辦計畫」，設立特殊選才的入學管道。本校自2014年籌劃且為首批執行特殊選才招生的綜合型大學，2015年9月第一屆特殊選才生（以下簡稱「特才生」）入學；該簡章說明招生目的為「讓無法經現行招生管道入學或透過現行招生管道入學相對不利，但具特殊才能、特殊優良行為或逆境向上且具強烈學習熱誠的學生，及符合本校系選才需求之學生有機會就讀，使大學選才更多元化。」本校不同於他校只局限於招收特殊才能，更擴及具有特殊優良行為、或不同教育資歷背景（如：接受實驗教育或國外教育學生、新住民及其子女）者，期盼透過不同入學管道與選才標準，招收不同特質的學生，促成學生實質面的改變（張碧如，2017）。因本校特殊選才生是總量內名額，源自各系（班）與清華學院學士班名額，每年五月招生總量調查時，將視招生成效酌予調整名額與入學後輔導機制。

隨著特殊選才管道入學生總數日益增加，一些學者開始關心其學習狀況與招生成效等議題，但因各校招生人數較少，相關研究成

果仍非常有限，有待更多研究深入探討。本研究期能歸納出特才生學習適應與招生成效的分析模式，盼能作為其他大學推行特殊選才招生數據分析與策略的參考。

本研究以104年至106年，由特殊選才管道入學之39位大二至大四學生，並以一般管道入學的學生為參照對象，研究工具以校務研究中心自行發展的「大學生學習經驗問卷」調查，讓特才生與一般生同時填寫該問卷，雖然這兩群學生入學管道與招生標準大相逕庭，但若在相同量表項目進行評估，更能發現特才生相較於一般生的核心素養與學習成效之優劣。接著，本研究據以該結果輔以質性訪談，進行質量並重且長期追蹤研究，藉以反饋選才標準、招生實務與入學後輔導機制。基於上述，本研究目的有二：

（一）瞭解特才生與一般生在核心素養與技能、學生個人因素、教學與學校因素、學習成果是否有所差異。

（二）透過深度訪談瞭解特才生對於特殊管道、大一不分系、課內學習與課外活動的看法內容。

二、研究設計與實施

（一）量表工具

本研究的資料採自校務研究中心的「大學生學習經驗問卷」調查。本問卷初以College Student Experience Questionnaire（CSEQ）為藍本（Pace & Kuh, 1998），藉由翻譯問卷題項、參考校內、外專家意見進行改寫，以適用於本校之大學生。

本研究旨在瞭解特才生與一般生在學習歷程上是否有差異，在2017年大學生學習經驗問卷中，母群1566人，特才生39位，一般生714位，回收率達48.08%；且研究者從校務研究資料庫中蒐集學生的基本資料與學業成績，從主客觀的數據資料，全盤瞭解特才生入學後就讀表現狀況，作為分析學習表現之依據。

（二）變數衡量

本研究「大學生學習經驗問卷」中整理出「核心素養與技能面向」、「學生個人因素」、「教師教學與學校環境因素」三大構面，表2呈現出各構面及其題項與Cronbach's α 係數（Hsieh, Chu, Syu, Peng, 2019）。

首先，以「核心素養與技能」方面，各題項採用李克特四點尺度量表（1＝退步；2＝沒有提升；3＝提升一些；4＝提升很多），並經過因素分析，組合成為人文涵養與美學素養、專業知識與創新能力、基礎科學與技術運用能力、文藝涵養、職業發展相關能力、思考與表達能力、個人發展能力、研判與分析能力、自主學習能力、人際互動能力，以及學習滿意度等十一項能力與技能。因Cronbach's α 係數介於0.72至0.84，顯示「核心素養與技能」面向具有良好的內部一致性信度，故計分方式為各題項加總平均分數。

其次，以「學生個人因素」方面，因各題項的計分方式不同，例如投入學習程度為時間數值，為求標準化，其計分方式為各題項先做Z分數再加總標準分數，此四題的Cronbach's α 係數為0.61，加總後為「投入學習程度」。「學習動機變動」情形的計分方式為：計算（目前動機－第一年學習動機的差異）：若為0，以「目前」動機計算；若不為0，則以「目前動機＋（目前動機－第一年學習動機）／2」計之。若正數越高表示正向變動越大。「系所適應度」為李克特十點量表，分數越高為適應度越高，其計分方式為各題項加總平均分數。上大學動機、抱負精神／物質層面、學習態度與行為均採李克特四點尺度量表（1＝非常不同意；2＝不同意；3＝同意；4＝非常同意），Cronbach's α 係數為0.67至0.85具良好信度，計分方式為各題項加總平均分數。

第三，「教師教學與學校環境因素」上，本研究從問卷中提

取出學生自評對老師常用的教學法之題項，採李克特四點尺度量表
（1＝從不；2＝很少；3＝有時；4＝經常），經因素分析分成四個
構面，包括教師單向講解、師生互動式教學、學生合作教學和問題
導向式教學。再加上問卷中的課程與教材滿意度以及學校環境滿意
度兩項學校因素，此構面之Cronbach's α係數介於0.78至0.79，具良
好信度，計分方式為各題項加總平均分數。

表1　各構面的評量題項與信度分析

構面	評量題項	Cronbach's α
核心素養與技能面向		
綜合核心素養與技能	1. 關懷社會正義與福祉之情操；2. 基本的人文素養；3. 敬業樂群的精神與能力；4. 自律自省的能力；5. 與他人互動的能力；6. 美感與藝術欣賞能力；7. 終身學習的能力；8. 基礎的保健知識；9. 獨立批判思考	0.83
專業知識與創新能力	1. 靈活應用所學得專業知識的能力；2. 足夠的專業知識；3. 創新的能力	0.74
科學思維與科技能力	1. 科學思維；2. 基礎的科技運用能力	0.72
人文與藝術素養	1. 對藝術、音樂、戲劇的欣賞領會；2. 對文學作品的瞭解；3. 瞭解歷史重要性的能力；4. 對不同的哲學、文化和生活方式有所瞭解	0.82
職業發展相關能力	1. 獲得適用於工作的知識和技能；2. 得到職業相關的資訊；3. 讓自己適應於新的科技、不同的工作、個人的經濟狀況等	0.82
思考與表達能力	1. 簡潔扼要的論述與書寫；2. 與人談話時，想法和訊息清楚扼要地表達	0.81
個人發展能力	1. 自己的價值觀和道德標準的發展；2. 更確定自己的未來生涯目標與方向；3. 良好運動習慣的養成；4. 自我情緒管控的能力；5. 時間管理的能力；6. 分辨是非、善惡的能力；7. 做決策的能力；8. 提升待人處事、應對進退的能力	0.80
研判與分析能力	1. 我經常質問或挑戰教師或同學的看法直到我接受這些看法是正確；2. 我追求事物的深層理解而非表面解釋；3. 我比較喜歡課程的要求為組織以及整合不同的觀點，而非單純要求我背誦相關資訊；4. 我藉由不同的觀點而發展出個人的主張	0.82
自主學習能力	1. 自主學習，如：蒐集新資訊、建構新理念；2. 當我學習一個新理念時，我會嘗試去探索它的意涵與詮釋；3. 當我接觸跨領域知識時，我能更加廣泛地接受學習與吸收新知	0.84

人際互動能力	1. 我能主動拓展人際社交網路；2. 我更加能意識到自己對於他人的偏見或刻板印象；3. 我能主動尋找機會學習不同文化的意涵；4. 我更瞭解自己是誰並知曉什麼對自己是重要的	0.78
學習滿意度	1. 我對自己的學習態度與課業投入是否滿意？2. 我對自己的學業成果是否滿意？	0.75
學生個人因素		
投入學習程度	1. 平均每天花多少時間預習功課；2. 平均每天花多少時間複習功課；3. 平均每天花多少時間完成作業；4. 平均每天花多少時間做課業相關活動；5. 平均每周花多少時間閱讀課外讀物；6. 平均每周花多少時間到圖書館看書、查資料、討論功課	0.61
學習動機變動情形	1. 第一年學習動機或意願變動情形；2. 目前學習動機或意願變動情形	X
系所適應感	1. 入學到目前為止，您對就讀科系感興趣程度；2. 入學到目前為止，您對就讀科系了解程度；3. 入學到目前為止，您對就讀科系畢業後的發展方向認知程度	0.74
上大學動機	1. 探索知識學問；2. 培養深度思考的能力；3. 自我探索與實現	0.85
抱負_精神層面	1. 對某些領域有所貢獻；2. 對社會有影響力；3. 擁有充實的精神生活	0.67
抱負_物質層面	1. 事業有成；2. 擁有富裕的物質生活；3. 擁有幸福的家庭	0.70
學習態度與行為	1. 我的目的是要完全精熟課堂上所教授的內容；2. 我很努力地要表現得較其他同學好；3. 我很努力地要避免表現得比其他同學差；4. 我很努力地要避免對課程內容只有一知半解	0.71
教師教學與學校環境因素		
教師單向講解	單向講解課本或講義	X
師生互動教學	師生發問討論	X
學生合作教學	1. 學生分組討論、設計、發表；2. 出團隊合作的作業	0.81
問題導向教學	1. 由學生個別選擇主題，並收集資料作研究報告；2. 使用媒體或網路輔助教學；3. 出創作類型的作業	0.62
課程與教材滿意度	1. 內容與活動能切合該課堂的教育目標；2. 能符合我的能力與程度；3. 能引起我的學習動機；4. 能符合學生的學習需求；5. 教材內容難易與分量適中	0.78
學校環境滿意度	1. 學校有足夠的空間供同學閱讀與學習 2. 學校有足夠的空間讓同學們進行討論交流	0.79

註：「X」表示僅有一題故未進行信度分析。

（三）研究樣本

本研究調查對象以本校特殊選才招生管道入學，於107學年度為大二至大四學生共39位進行追蹤研究（大二：23位、大三：8位及大四：8位）。這些學生入學後先進入清華學院學士班大一不分系，學生可利用一年時間至各院／系／所修課，自由探索志趣領域，大二再分流至各學系班。

表2為特殊選才學生之背景資料，女性比例較高（58.97%），且以大二分流至科管院的比例最高（33.33%），其次為人社院（20.51%）。

表2　清大特才生與一般生之背景資料

類別	特殊選才生填卷者		一般生填卷者		訪談者	
	N	%	N	%	N	%
女	23	58.97%	318	55.6%	19	54.29%
男	16	41.03%	396	44.4%	16	45.71%
人社院	8	20.51%	78	10.92%	5	14.29%
生科院	1	2.56%	48	6.72%	0	0.00%
工學院	3	7.69%	175	24.51%	3	8.57%
科管院	13	33.33%	115	16.11%	13	37.14%
電資院	7	17.95%	135	18.91%	7	20.00%
原科院	0	0.00%	81	11.34%	0	0.00%
理學院	5	12.82%	82	11.48%	5	14.29%
清華學院	1	2.56%	0	0.00%	0	0.00%
竹師教育學院	1	2.56%	0	0.00%	2	5.71%
總計	39	100%	714	100%	35	100%

註：一般生未包含清華學院與竹師教育學院的資料，是因為清華學院的一般生為大一不分系，未填寫該份問卷；竹師教育學院亦是因一般生為大一生而未填寫該份問卷。

（四）資料處理

1. 量化資料

調查問卷回收後，以SPSS 21.0中文版統計軟體進行各項資料統計與分析，分析方法包括描述性統計與t檢定。

2. 質化訪談

本研究之質性分析資料為35位特才生，此訪談樣本與特才生39位分布比例相近，女性居多，科管院的比例最高（37.14%）。

本研究之各種原始資料的編碼方式與意義如表3所示，逐字逐句整理訪談資料，並歸納出背後所代表的意涵，完成質性資料的分析工作。

表3　本研究之質性編碼

分析檔案	編碼舉例	意義
訪談稿	A-2-351	A代表專長類別（A＝學科專長；B＝術科專長；C＝逆境向上） 2代表二年級（3＝三年級；4＝四年級） 351代表該學生學號末三碼

三、本校特殊選才學生學習成效的結果與發現

（一）特殊選才學生與一般生在學時的學業表現

由表4顯示，經過t檢定，特才生與一般生在入學後平均班排名PR值來看，特才生為44.67%低於一般生53.53%，且兩兩相比有顯著差異，表示特才生的平均班排名PR值明顯低於一般生。

表4　特才生與一般生在學期間的平均班排名PR值

身份	個數	平均班排名PR值(%)	標準差	t	df	p值
一般生	714	53.53	25.51	2.090	751	.037
特才生	39	44.67	30.44			

註：以大學成績班排名為依據，透過班排名的方式而非GPA，排除科系之間成績差異，較有精準度。班排名PR值最小值為0、最大值為99，代表在100人中，該生的成績可贏過的人數，其數值越高表示排名越前面。

（二）特殊選才學生與一般生在核心素養與技能之成長情況與差異

本研究首先檢視學生核心素養與技能的成長現況。從表5來看，學生自評計分之平均多在「沒有提升（2分）」至「提升一些（3分）」之間。計分平均在「有提升一些（3分）」至「提升很多（4分）」之間前三名為自主學習能力（特才生）、人際互動能力（特才生）與綜合核心素養與技能（特才生），亦表示相較於一般生，特才生自覺入學後在上述三項能力有所提升。然而，分數較低以學習滿意度（一般生）、專業知識與創新能力（一般生）與學習滿意度（特才生），表示學生認為在校期間對自己學習態度或學習成果自覺是不夠滿意，這可能與大一、大二接觸多為基礎課程，或尚在適應大學課業有所關係。

表5　特才生與一般生核心素養與技能之差異性檢定

核心素養與技能	身份	個數	平均數	T	df	p值
綜合核心素養與技能	一般生	714	2.91	-3.260	751	.001**
	特才生	39	3.13			
專業知識與創新能力	一般生	714	2.52	-4.083	751	.000***
	特才生	39	2.85			
科學思維與科技能力	一般生	714	2.93	1.823	40	.076
	特才生	39	2.76			
人文與藝術素養	一般生	714	2.61	0.096	751	.923
	特才生	39	2.60			

核心素養與技能	身份	個數	平均數	T	df	p值
職業相關能力	一般生	714	2.86	0.119	751	.905
	特才生	39	2.85			
思考與表達	一般生	714	2.92	-1.124	751	.261
	特才生	39	3.03			
個人發展能力	一般生	714	2.84	-1.244	750	.214
	特才生	38	2.94			
研判與分析能力	一般生	714	2.84	-1.625	750	.105
	特才生	38	2.98			
自主學習能力	一般生	714	3.08	-1.167	751	.243
	特才生	39	3.18			
人際互動能力	一般生	714	2.97	-2.112	751	.035*
	特才生	39	3.15			
學習滿意度	一般生	714	2.42	-1.322	751	.187
	特才生	39	2.55			

（三）特才生與一般生在學生學習面向之差異

表6顯示，在投入學習程度方面，特才生高於一般生且有顯著差異，這表示特才學生可能比一般學生在大一、大二的學習歷程中投入更多學習時間。

此外，在系所適應感、上大學動機（探索知識學問、培養深度思考的能力、自我探索與實現）方面，特才生均高於一般生且具顯著差異，表示特才生較能瞭解自己進入大學動機是為了滿足自己求知慾望，並能適應自己分流後的科系；本研究將於後續質化訪談討論此差異現象。

表6　特才生與一般生的學生個人因素之差異性檢定

學生個人因素	身份	個數	平均數	T	df	p值
投入學習程度	一般生	714	1.59	-2.070	751	.039*
	特才生	39	1.90			
學習動機變動情形	一般生	714	-.15	-1.395	61	.168
	特才生	38	-.03			
系所適應感	一般生	714	6.40	-2.426	751	.016*
	特才生	39	7.03			

學生個人因素	身份	個數	平均數	T	df	p值
上大學動機	一般生	714	3.08	-3.524	751	.000***
	特才生	39	3.42			
抱負_精神層面	一般生	714	3.07	-1.105	751	.269
	特才生	39	3.17			
抱負_物質層面	一般生	714	3.19	2.858	750	.004**
	特才生	38	2.93			
學習態度與行為	一般生	714	2.82	1.338	751	.181
	特才生	39	2.71			

（四）特才生與一般生在教師教學與學校因素之差異

檢視特才生與一般生對於教師教學與學校因素之差異性檢定結果，發現特才生對於學校環境，特別是學校能提供足夠的空間讓學生學習與討論的滿意度較一般生高。

表7　特才生與一般生的教學與學校因素之差異性檢定

教師教學因素	身份	個數	平均數	T	df	p值
教師單向式講解	一般生	714	3.29	-0.799	751	.425
	特才生	39	3.38			
師生互動方式教學	一般生	714	2.84	0.164	751	.870
	特才生	39	2.82			
學生合作教學	一般生	714	2.75	-1.090	751	.276
	特才生	39	2.88			
問題導向式教學	一般生	714	2.58	-0.777	750	.437
	特才生	38	2.66			
課程與教材滿意度	一般生	714	2.81	-0.248	751	.804
	特才生	39	2.83			
學校環境滿意度	一般生	714	2.92	-2.353	751	.019*
	特才生	39	3.18			

（五）質化訪談分析

從量化分析結果觀之，特才生在人際互動能力、系所適應感、學校環境滿意度的評分都高於一般生，因此本研究針對35位特才生

進行深入訪談，進一步瞭解他們如何在同儕環境中對人際互動能力的看法，從投入學習程度瞭解特才生對學習的看法，以及藉由系所適應度瞭解其經歷大一不分系的看法，最後在學習環境中瞭解特才生的專長參與課外活動的看法。（以下底線為該段文字敘述重點）

1. 核心素養與技能面向：重視同儕環境的多元化

特才生在訪談中強調能以特殊選才管道進入不分系學士班，在這樣的同儕環境中認識許多不同的人，每個人都有各自擅長、可互相學習之處，是一種重要成就感。

（1）認識到很多很厲害而且擁有各項專長的人，……我認為學習不一定全是來自於課業學業，跟身邊的人學習也能學到很多。（B_2_236）

（2）有時候小組討論的時候或是像拾穗基金，我可以offer他們不一樣的東西。不會說就是好像大家都是同一種類型狀態。（B_2_137）

（3）遇到很多不同領域的人，……對每個事情就會有很多不同的看法，就會激盪出很多不同的東西。（C_2_247）

（4）拾穗計畫裡面就是對自己不一樣的人，……我可以學到很多東西，瞭解很多領域。（C_2_142）

（5）有提供特殊選才的學校太多了，可是有很多學校是一個系所招一兩個。但是這裡不一樣是，一次招進來就好幾十個，我們有一個community，……有一個群體的感覺，不會說大家都是落單在各個系所。有一個群體，可以大家互相support。（B_2_137）

（6）接觸各式各樣的同學，……我覺得我們在這裡面有點像是一個沙拉盤的感覺，一個交響樂團的感覺。（B_2_143）。

2.學生學習面向：對於系所適應度的想法，肯定大一不分系之修課制度的彈性；擔憂分流前後學系認同感與難以融入分流後學系

特才生認為大一不分系能提供相對於一般科系更彈性的選課空間，且能認識不同領域的人，對於能進入大一不分系，抱持贊同的角度；但缺乏實體學院學士班所凝聚的向心力。

（1）我其實到現在都覺得它很特別。我其實還蠻喜歡不分系的，就是你的學號就是跟別人不一樣。就算你分流了，你的學號還是不分系的那個學號，反正它對我來說就是一個很特別的存在啦。（A_3_031）

（2）他給我很大的空間去選你想要選的科系，所以我覺得我對學士班的評價很高。（B_2_246）

（3）我是學士班的，可是我想要融入經濟系的環境當中，所以在一年級的時候，會一直有身分上的衝突感，那時候就會覺得自己沒有辦法很融入他們（A_3_033）。學士班，我們很像是……有一本書叫做亞細亞的孤兒那種概念，對你就會覺得說我進到的到底是什麼班級，就是很沒有向心力的一個班級。（A_3_033）

（4）沒辦法像其他系一樣，認識其他系上其他大部分的人，然後我們自己能跟系上相處的時間又少很多。而且我覺得就是不分系有個缺點是我們沒有任何相聚的時間。（B_3_029）

（5）很多不分系的人都會說不分系是邊緣系嘛，因為不分系不向其他系一樣那麼團結，就是很分散。（C_2_247）

3.學生學習面向：對於學習態度與行為的想法，肯定自己內在學習動機、對學習上的收穫有成就感

部分特才生認為，進入清大最有成就感之處是學業表現，但也有許多特才生並無提到分數成績，較在乎課程上的收穫，讓自己獲得實質的進步與收穫。另外，他們都有提到跨越原文書障礙是其一大成就感來源。

（1）只要不要有考試的課就算蠻有成就感的。然後present、做project都蠻有成就感的。（C_4_049）

（2）最有成就感的應該就是……在讀原文書的時候；自己找資料然後把它學會，然後看懂，然後甚至就是在考試的時候都看得懂那些英文題目，然後會寫，我覺得這很有成就感。（C_2_145）

（3）我覺得比較有成就感的是，我覺得是最難的課程……，那堂課就有非常多需要互動，……雖然真的花蠻多時間的，但是我覺得還蠻有成就感的。（C_2_234）

（4）回到大學唸書對我來說其實很不容易、很難得，所以我很珍惜學習機會，……所以我比較在意的是學這個東西跟實際應用有什麼關聯……，我會想辦法解決問題。（C_2_235）

4.學校環境面向：積極參與課外活動與專才結合

許多特才生在訪談中提及參與與專才直接或間接相關課外活動的經驗，包括建立拾穗基金、出國比賽、參加營隊與社團幹部，以及長期參與書院活動等，這些活動對於專才有所助益。

（1）最有成就的是有拾穗基金的這個想法，我們就可以不再只是空想，而是實際的去做（B_2_143）；拾穗基金還有服學（表演課）。表演藝術就是學校有大型表演的話，

你就要當前場，像我跟○○○都是負責前場，負責帶位、安排座位等等的（C_2_245）。

(2) 我覺得比賽能收穫的東西最多，一定比課程中學得多，我現在變強多一點，以後上課也會比較輕鬆。我有去加入一些機器學習的專題的研究（A_2_135）；因為我當時進來的時候是用國際音樂會志工，也辦活動。但我之前並沒有自己辦一場比較大型的音樂會。我覺得清華給我比較多一點的力量去辦活動。我可能下學期會辦一個比較小型的音樂會吧。（C_2_139）。

(3) 最有成就感……應該是接了社團幹部……算是對自己辦事能力的證明（B_3_029）；如我會到南大校區幫忙改「新竹市資優數學競賽」或是「培育企劃入學考試」的考卷、協助講解、或是介紹益智玩具等等（A_2_237）；我總共加了四個社團，包含拾穗基金、禪學社、古箏社還有網球社（B_2_236）；可以累積自己的能力，而且參加那種活動可以認識很多不一樣的人（C_2_247）。

(4) 清大給我比較多的機會可以辦活動，像天下書院就是（C_2_139）；課外活動的留宿計畫；現在我比較注重天下書院的事物，畢竟我們要辦滿多活動的（A_2_138）。

四、從校務研究的觀點檢視特殊選才招生策略

（一）依據特殊選才招生宗旨調整校務研究之評估指標

本校特殊選才管道招生宗旨與一般入學管道不同，就「招生宗旨」觀之，特殊選才管道並非為了解決招生人數不足，而是期望招收部份無法以現行管道入學的考生，故首要的招生成效評量指標，應瞭解適性選才程度，即無法透過現行入學管道入學的錄取者是否提升；另就「選才方向」觀之，本校以全方位檢視申請者的「知識

活力與成果」（由個人自述及資料中發掘申請者的求學熱誠、學習動機、熱情及力爭上游的特質）、以及「個人成長背景」（全方位考量每個申請者的獨特環境，包括家庭背景、受教機會的差異性、個人生活經驗）（陳榮順，2013）。

因此本文從校務研究的觀點考量招生成效指標（如：適性選才程度、知識活力提升程度等指標），較能精準評估特才生在大學是否依其性向與能力進行調查。據上節量化分析顯示，特才生於上大學動機（探索知識學問、培養深度思考的能力、自我探索與實現）高於一般生且具顯著差異，這可能與本校特殊選才招生時，特別重視學生書面資料中所呈現的學習動機有關。換言之，本文從特才生的招生成效觀點，評估其知識活力與成果是否提升，在大學是否能進行適性多元的發展，使其特殊選才招生成效指標更臻完善。

（二）學校資源與學生學習的適配度

就行政端來觀察特才生的發展，若其專才容易與學校既有的科系資源結合，較易獲得相對應的資源管道協助同學的學習連結，則在學校會有較好的發展。透過校務研究分析，本校陸續根據部分特才生學習資源無法應對的困境，提供個別化學習的客製化學程與實驗教育方案，盼能協助學生適性發展，解決資源適配度問題。

（三）學生應積極尋找校內提供課業輔導資源

本研究發現整體特才生的學業成績明顯低於一般生，但也發現特才生更願意在大一、大二期間投入更多學習時間，學業表現不好的原因一部份是因為有些學生可能不清楚學校的課業輔導方案，大多特才生會用自己以往的學習模式。因此可透過多管道宣傳，讓學生熟悉目前校內可輔助學習的相關資源（林佩錡，2018），學生也應積極尋找校內提供課業輔導資源，如此才能讓特才生能跨越學習困難障礙，獲得適度的成就感。

（四）學校積極協助學生課外活動資源

本校針對特才生的專才提供拾穗基金，更積極提供專才相關的社團、比賽、活動，讓學生有機會發展自己的專才。同時，本校針對經濟弱勢的特才生，配對雙軌導師、或招策中心顧問老師給予生活與心靈支持與協助，例如某學生提及：「副教都會定期關心我們的狀況。有時候副教會打來問我說最近怎麼樣，像有什麼重大比賽我會跟他報告」（B_4_043），其表示學生參與課外活動也與學校老師有密切聯繫。

肆、招生策略與校務研究之連結

本校校務研究中心與招策中心於校務管理機制上，建立一套招生與在校學習成效評估系統，透過兩個中心長期合作追蹤學生在學表現與畢業成效為基礎，至就業流向追蹤與學用合一機制，建立起本校專屬入學端、在學端與畢業端之教育渠道學習歷程管理回饋機制。為此依照校務研究之教育渠道的概念，從招生策略到入學安置，到就學輔導，到順利畢業及其流向追蹤，各階段成因結果環環相扣，彼此影響（何希慧，2014）。

圖3為目前本校的校務研究與招生策略之連結圖，依照校務效益監督（Institutional Effectiveness, IE）為主，以數據為主軸的校務管理探討運用學生入學管理系統化模式。招生是吸引學生進入大學之門的開始，大學入學為雙向選擇的過程；對大學而言，大學招生重在篩選人才；對學生而言，大學入學的意義在選擇科系。根據校務研究思考招生策略的觀點有三，分別為（1）學生來源群是什麼？（2）校方（校／院／系）決定入學管道與選才標準是什麼？（3）學生選擇學校的條件是什麼？因此必須瞭解學生來源的背景，校方的選才標準為何？以及學生如何（how）和為何（why）選學校。

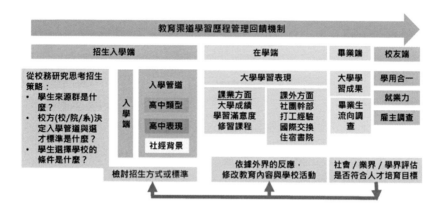

圖3 清大校務研究與招生策略之連結圖

　　校務研究可清楚瞭解學生入學端重要的背景資料，例如入學管道、高中類型、高中表現（如校內成績、課外活動等）、父母社經背景等，都可能是預測入學後在學學習表現的重要影響變項。在學端分為課業方面與課外方面，進行在入學端不同入學管道、高中類型等進行分析，例如不同入學管道學生的學業表現，再回饋至招生管道比例。校務研究在評估過程中，校務研究人員與招生策略人員必須達成重要的問題共識，研擬出需分析的數據，校務研究人員再摘要出校務研究分析及改善結果，作為招生檢核參考。

　　畢業端與校友端上，是入學管理模式的重要一環，亦即透過瞭解辦學績效和畢業生就業表現，招收適合學校特色的學生，更利用回饋意見瞭解學生進步或退步的原因（如：課程與教學等），以改善學生入學後的學習規劃與活動安排（何希慧，2014）。因此招生策略與校務研究的關係非常緊密，建立全校系統性「學生入學管理」模式，校務研究能系統地檢視並管理學校「招收學生、入學安置與輔導、在學表現、畢業成效，以及就業追蹤回饋」等學生流向，再回饋至招生實務上。

從本文特殊選才學生學習成效為例，首先，必須由學生來源群中去瞭解其專長類別、性別、各學院分布；其次，由學校決定入學管道與選才標準，從本研究結果去反饋選才標準與招生實務，研擬出全方位且具專業度的書審與面談制度。最後，學生如何選擇學校的條件，由此次研究結果發現，學生宜釐清自己想追求的大學樣貌為何、大學是否符合自己的學習規劃、以及上大學對自我專才的意義。

一、目前遭遇的困境

本校校務研究中心目前所分析的結果未必能立即回饋至各科系，此為遭遇的困境。反觀招生策略中心業務包含全校各系班招生名額與招生績效考核指標，與各系班的關係較為緊密，因此校務研究中心分析的資料能透過招策中心建立與各系班更緊密的溝通與交流，強化校務研究中心與各系班的關係。

二、值得驕傲的特色

本校積極回應彭森明（2019）提到招生三項挑戰：（1）改善招生方式讓學校更多元：本校在臺灣推動多元入學多年，以多種管道招收與培育來自不同學習經歷與特質的學生，促成校園多元化、扶助弱勢群體、鼓勵適性發展；（2）如何招收學校所期望的學生：過去兩年間，本校招生策略中心與校務研究中心進行許多議題合作，校務研究者亦支援招生審查任務，以強化其對招生運作模式的瞭解，促成校務研究與招生策略之合作文化氛圍。本校透過校務研究分析精進招生事務，招策中心亦擔任居中角色，協助學校各院系所改善招生困境與經營校務發展，俾使招生資源與校務研究之業務發揮最高效益，招收到學校與各院系所期望的學生，達到校園多元化的理想，且能反映社會實際狀況；（3）照顧弱勢學生：本

校長期關注城鄉差距及社經背景與文化差異所造成的教育機會落差問題，因此，本校以創新獨到的招生作法與機制，協助社經弱勢、較缺乏教育資源但具有潛力的優秀學生有機會進入本校就讀，並提供完整的扶助措施（如旭日獎學金），協助學生安心在本校完成學業，並持續追蹤各項課內外之表現。

三、未來的發展方向

近幾年，本校參考國外「校招生」模式創立招生策略中心，為全國之先驅，後以執行招生專業化，協助校內學系提升整體招生品質；同時，參考「學生入學管理」模式規劃招生方案，瞭解學校所存在優勢進行招生品牌特色，提升學生招生競爭力，檢視自身的辦學投入、學校特色品牌、課程教學評量、研究成果發表、學生學習成效等相關表現，在競爭激烈之高教市場中永續經營發展。

最後，招生策略與校務研究需要穩定且專職研究人員，不但能以專業知識與技能分析議題，更能熟稔學校數據與制度氛圍，進行長期且緊密合作，始能建立學生入學與學習管理系統化模式縱貫分析，擬定學校各項執行計畫與決策之依據，從校務研究至校務治理，隨時瞭解並掌控學校經營管理，進而提升校務治理與品質保證之機制。

四、參考文獻

Bastedo, M. N., Bowman, N. A., Glasener, K. M., & Kelly, J. L. (2018). What are we talking about when we talk about holistic review? Selective college admissions and its effects on low-SES students. *Journal of higher education, 89*(5),782–805.https://doi-org.nthulib-oc.nthu.edu.tw/10.10 80/00221546.2018.1442633

Bowman, N. (2010). College diversity experiences and cognitive development: A meta-analysis. *Review of Educational Research, 80*(1), 4-33.

Howard, R. D., McLaughlin, G. W., Knight, W. E., & Associates. (2012). *The handbook of institutional research*. San Francisco, CA: Jossey-Bass.

Hsieh, H. C., Chu, J. Y., Syu, Y. S., Peng, Samuel S.(2019, September 25-27). *Institutional Research on Factors Relating to College Students' Core Competencies and Skill Development*. Paper presented at the South East Asian Association for Institutional Research (SEAAIR), Taipei, Taiwan.

Lin, John J. H. & Liou, P.-Y. (2019). Assessing the learning achievement of students from different college entrance channels: a linear growth curve modeling approach, *Assessment & evaluation in higher education*, DOI: 10.1080/02602938.2018.1532490.

Mandinach, E. B. & Gummer, E. S. (2013). A systemic view of implementing data literacy in educator preparation. *Educational researcher, 42*(1), 30-37.

Pace, C. R., & Kuh, G. D. (1998). *College student experiences questionnaire, Fourth Edition*. Bloomington, IN: Center for Postsecondary Research and Planning, Indiana University.

Peterson, M. W. (1999). The Role of Institutional Research: From Improvement to Redesign. *New directions for institutional research, 104*, 83-103.

王潔（2017）。**招生策略中心及特殊選才簡介**。取自file:///C:/Users/USER/Downloads/03-20170124-1-%E9%AB%98%E6%95%99%E7%87%9F-%E6%8B%9B%E7%AD%96%E7%B0%A1%E4%BB%8B-%E7%8E%8B%E6%BD%94.pdf

何希慧（2014）。校務研究的新思維：大學校院建立學生入學管理模式。**評鑑雙月刊，52**，14-18。

林佩錡（2018）。吐故納新—大學如何因應「特殊選才」學生之學

習、適應與支援。**清華教育學報，35（2），**頁35-69。

張碧如（2017）。**學校型態實驗教育開啟教育改革的可能性。** 教育脈動電子期刊 第18期。取自https://pulse.naer.edu.tw/Home/PrintPdf/3c3fe4b2-467f-455e-adf0-60bc64fd6652

教育部（2013）。**教育部人才培育白皮書。** 取自http://www.ncyu.edu.tw/files/list/course/1021204%E6%95%99%E8%82%B2%E9%83%A8%E4%BA%BA%E6%89%8D%E5%9F%B9%E8%82%B2%E7%99%BD%E7%9A%AE%E6%9B%B8.doc

教育部（2018）。**大學招生專業化發展試辦計畫 計畫說明會。** 取自https://www.ntue.edu.tw/File/Userfiles/0000000001/files/1070529%E9%99%84%E4%BB%B61_%E5%A4%A7%E5%AD%B8%E6%8B%9B%E7%94%9F%E5%B0%88%E6%A5%AD%E5%8C%96%E7%99%BC%E5%B1%95%E8%A9%A6%E8%BE%A6%E8%A8%88%E7%95%AB_%E8%AA%AA%E6%98%8E%E6%9C%83%E7%B0%A1%E5%A0%B1_.pdf

陳榮順（2013）。**【借鏡美國】多元入學發現明日之星。** 取自https://case.ntu.edu.tw/CASEDU/?p=7131

彭森明（2019）。**高等教育校務研究的理念與應用（二版）。** 臺北：高等教育。

誌謝：本研究感謝本校校務研究中心釋出校務研究資料，感謝研究助理許雅勛整理分析數據，並對本校動機系陳榮順教授與專書評審委員提供寶貴的審查建議一併致謝。

璀璨臺灣技職之光．
新型態雙軌教育系統

國立雲林科技大學校務發展中心

校務機構研究組組長／前瞻學士學位學程助理教授
李佳蓉

前瞻學士學位學程助理教授
葉衽榤

校務發展中心助理
買馨誼

壹、前言

一、迎領時代趨勢、厚實計畫基礎

　　我國高等技職體系的總體教育環境目前正面臨了「少子化情況日趨惡化」、「六都局勢拉大城鄉差距」、「大陸學歷漸進開放」、「國際化的教育環境成長趨勢」、「政府財政緊縮」、及「高齡化社會的趨勢」等課題，面對當前史無前例的高教環境挑戰，過去十年，國立雲林科技大學（以下簡稱YunTech）善用教學卓越與發展典範科大計畫，戮力執行產業與國家人才培育任務，因

此在各項校務表現，為各界肯定。位於雲林縣的YunTech，能堅持教育創新並持續發揮影響力，實因創校28年，將辦學績效，當成繁榮區域產業與地方的大事，自我期許。

　　YunTech展望技職教育的推動，在歷經「發展典範科技大學計畫」及「獎勵科技大學及技術學院教學卓越計畫」之紮實基石下，把務實致用的理念轉化至教學上，具體的行動綱領就是「核心能力、持續改善、產學一體、國際鏈結」，運用產學合作及創新教學來形塑競爭優勢，培育人才。更以「務實致用的科技大學典範」為發展願景，以建構適性揚才的教育環境、設置研發成果與新創事業鏈結的機制、運用教育與研發資源解決地方、產業、社會與全球問題，以及持續的組織創新與變革為四大校務發展策略。

二、卓越深耕奠基國際聲望、發揮全球影響力

　　儘管遭逢大環境少子女化的嚴峻挑戰，但國立雲林科技大學的師生表現始終在技職體系中突出，在教學、產學、國際化名列科大前茅。如：獲英國泰晤士高等教育（Times Higher Education, THE）2019世界大學影響力排名全球第101-200名（全台第四、科大第一），更在聯合國「全球永續發展目標」（Sustainable Development Goals, SDGs 的簡稱）之指標"產業、創新與基礎設施"（SDG9）"，YunTech全球大學排名44、指標"確保永續消費與生產模式（SDG12）"，全球大學排名48；2017年更獲得經濟部能源局「節能菁英卓越創新獎」、「節能標竿獎金獎」、臺灣綠色大學聯盟優秀綠色大學選拔最高榮譽「優等獎」、2019世界綠色大學評比，全球70名，亞洲區18名，國立大學第2。以上足見YunTech是一所全面重視永續核心發展的大學，展現舉足輕重的社會、全球影響力。另外，在「教學與輔導」方面，更首創讓學生從大一到大四都接受美國史丹佛大學倡導的設計思考與問題解決能力課程，在跨領域團隊中，學生從中得

到動手解決實際問題的樂趣與能力;「教師產業鏈結實力」方面,約有8成教師投入產學合作,提供學生從實務中學習的機會,提升就業能力。根據教育部公告的資料,106年YunTech平均每位教師產學合作金額逾100萬元,全國排名第六、科技大學排名第二,107年再創新高,平均每位教師產學合作金額約150萬元。除此之外,YunTech也善盡大學社會責任,以學校教育資源作為後盾,整合能跨域合作的夥伴,對應實務能夠有效解決問題,回饋鄉里、社區等,凸顯技職教育的實務與研究對於社會的影響力。鑒於上述,雲科大在「永續發展」、「教學輔導」、「教師產業鏈結實力」、「善盡大學責任」等面向都有卓越佳績。因此,雲科大亦將這些榮耀參與「2019第十二屆TCSA臺灣企業永續獎」競賽,更榮獲三大獎項:永續綜合績效TOP50、企業最佳單項績效－社會共融類、企業永續報告。其中永續報告更獲得白金獎,為大學、醫院、政府組織類組之最高榮譽。雲科大逐步在各方面累積實力,發揮全球影響力。

三、構創新型態教學系統之務實致用科技大學典範

在前述發展願景與策略的推動下,YunTech自2018年起,藉由教育部「高教深耕計畫」的推動,運用校務研究搭配教育大數據的自我研究,持續精進產業人才培育之品質卓越,及回應當代臺灣技職教育的根本問題,包含:高教與技職逐漸靠攏(如何凸顯體制特色)、學生學用表現不一(如何避免使用單一課程配當、同一套學則,制約多元學習)、產學合作與人才培育脫鉤(如何讓技術型學生也能因為實質參與產學合作受惠,大學四年跟著產業成長)。因此,進一步具體落實教學創新及提升教學品質、發展學校特色、提高高教公共性、善盡社會責任,實屬重要。

YunTech欲解決上述問題,進一步建構雙軌並進學習系統,將現有院系系統與教育時態、產業趨勢、國際潮流緊密扣合,建構以

「以學生學習為中心、以適性揚才為目標、以教育創新為策略、以社會與產業為場域」之YunTech新型教育培育系統—「YunTech PBL研究中心」及「未來學院」（圖1）。

因此，YunTech建立雙軌學習系統，其一是原來「院系系統」，以工程、管理、設計、人文為核心，以現有體制，強調跨領域學習、以55%理論、45%實務為主（課程模組、產業學程，強化就業力）；其二是「未來學院系統」，以前瞻學士學位學程、產學專案學士學位學程、智慧機器人學是學位學程為核心，並強調創新特色、適性學習，整合產官學，以20%理論、80%實務為主（以）專題式課題、沉浸式學習、校外實習、媒合就業）。YunTech創建兩

圖1　新建「YunTech PBL研究中心」及「未來學院」人才培育雙軌結構

大學習系統，目的除在教育系統上持續深化外，亦欲解決當今技職教育面對未來人才的培育的問題，擬以培育「未來競爭力」為目標，對準產業、雙軌育才路徑、培育未來產業人才，預期透過雙軌學習系統，調整校層級之結構課程，具體加值現有高等技職教育系統的人才培養方案，創造臺灣技職高教化之教育附加價值（產業化、責任化、特色化），嘉惠更多學子，使其在學即能與國際接軌，提升國際移動能力。

另外，規劃作為一間新型態科技大學之前提下，YunTech以「對準產研專題、縱向深度育才」為方向，目前YunTech已成立27個「YunTech PBL研究中心」（圖2），落實務實致用，打破院校系所藩籬，培育人才；產學合作以B2B（B：指學校機構或單一組織、2：to；簡易說：讓組織對話的簡稱）模式進行推動（圖3），並橫向整合PBL研究中心研發能量，並統籌各學院專才與研究中心，為企業開發課程進行教育訓練，厚植企業研發能量與文化，發展區域內產業人才之能力需求，開創經濟版圖。

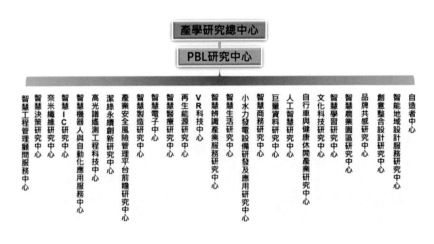

圖2　27個PBL研究中心

盤點雲科大研發能量與資源，
確認企業問題對接合作開發的老師。

企業評估技術提案可行性與
預期效益並進行產學合作開展。

1 企業需求
確認

2 校內資源
對接

3 企業風雲帖
舉辦

4 產學專案
開展

針對企業技術研發/生產/
品質檢驗等相關問題進行了解。

老師對企業提出問題進行技術提案
交流會議，並做一對多合作鏈結。

圖3　企業輔導機制 B2B一站式服務

貳、大專院校招生現況分析
——IR大數據確實掌握優秀學生入學機制

一、校務研究議題掌握學生畢業後之脈動

　　眾所周知，一所大專校院學生質量的影響層面十分廣泛，同時牽動校務發展與動能、學生成長、利害關係人觀感與社會形象等多個層面，並對整體性的高教環境產生彼此牽動的競合關係。YunTech為讓學生廣泛接觸產業動態，並實際引導學生進入業界實習或觀摩，已就整體課程結構、教學環境設備與師資進行多次的調整，並具實質成效。

　　然而，學生在入學前所面對的是全臺灣超過百所大專校院校的入學選項，究竟以「務實致用的科技大學典範」能否有效打動學生的心?或有其它因素影響學生的選填志願?根據龔瑞維（2008）的〈高職學生選擇技專校院考量因素之研究〉指出，高職學生選擇技專院校之考量因素（如表1），發現：高職學生選擇學校的原因多元且複雜，總體而言較易受到就讀學校後的就業前景、教學設備、

師資良窳、升學率等的影響，當中「課程規劃特色」、「學校業界聲望」均在排序前十，可見學校對課程經營與產業結合的程度，亦為高職學生選擇學校時的重要參酌。

表1　高職學生選擇技專院校之考量因素分析

排序	高職學生選校考量	排序	高職學生選校考量
1	畢業後就業好	6	網頁資訊充分
2	教學設備充實	7	舒適安全宿舍
3	師資陣容堅強	8	課程規劃特色
4	學雜費的高低	9	良好學術聲望
5	升學率的情形	10	學校業界聲望

修改自龔瑞維（2008）〈高職學生選擇技專校院考量因素之研究〉。

　　YunTech根據「大學部與研究所畢業生所回填的畢業生流向問卷調查」，進一步以IR校務重要議題分析「大學畢後三年與畢後一年薪資關係」及「碩士畢後一年與大學畢後三年薪資關係」。發現：YunTech大學畢業生平均就業率達93%，畢後一年平均薪資為3萬1949元、碩士畢業生平均就業率達95%，畢後一年平均薪資3萬7080元，均高出勞動部職類別薪資調查結果，而大學畢後一年高出3千149元，碩士畢後一年高出3千280元，其中以工程、管理、人科學院畢業生平均薪資高出11.37%幅度較多。由上可見，在少子化與全球化衝擊下，此校務重要議題分析結果，符應龔瑞維（2008）〈高職學生選擇技專校院考量因素之研究〉之分析結果，高職學生選擇技專院校之考量因素分析第一首選為－「畢業後就業好」之考量因素。準此，YunTech校務議題研究亦是當今校務發展的重要基石，在個資與資訊安全保障的前提下，將紊亂龐雜資料整合為完整的數據庫，如實將分析結果呈現，反饋校務、教學等層面，做為本校校務發展與系所教學及課程規畫之依據，茲以發揮綜效。

二、健全YunTech IR資料庫，確實掌握各院入學學生主要生源

　　臺灣過去針對不同學入管道學生進入學校就讀後的課業表現之研究，已有相當成果積累。如楊國樑、王瑞榮和陳錦初（2014）的〈管道多元與學生多元制度在入學後學業成就差異之比較〉、銀慶貞（2015）等人的〈由大學多元入學者的個人背景與滿意度評估多元入學的成效〉、陳意涵（2016）的〈大學多元入學管道與學生學習成效之研究—以國立宜蘭大學為例〉、陶宏麟（2019）〈大學入學管道與學業表現－以北部某私立大學為例〉等，皆針對不同入學管道的學生，追蹤並分析學生的課業表現與學習成就。研究結果顯示不一，但整體而言，多數為申請入學學生對自我的表現較為滿足，教師認為繁星推薦生表現最優、女性無論何種管道入學皆優於男性、及甄選入學制度確實能有效媒合學校與學生。整體而論，YunTech入學學生之學生學業表現以申請入學生優於推薦甄選入學生，更優於聯合登記分發入學生。

（一）各院學生入學管道統計

　　YunTech現有工程、管理、設計、人文與科學學院、未來學院等五個學院，23個學士班、26個碩士班、13個博士班，學生人數近一萬人，大學部學生約占68%，研究生約占32%。學士班入學管道有申請入學、聯合推薦甄選、技優甄審、轉學考、聯合登記分發、獨立招生等各種入學管道。由下圖（表二）所見，四院均以聯合推薦甄選為最多的入學管道比例，佔全校新生37.75%（工程、管理、人科學院約占40%；設計約占30%）、其次為聯合登記分發，佔全校新生28.88%（工程約占33%；管理、設計、人科約占23%）、第三為申請入學，佔全校新生13.50%（人科約占19%；工程、管理、

設計約佔12%）。綜合來說，各院大學生大多均以聯合推薦甄選及聯合登記分發方式入學，其次為申請入學。另外，本校未來學院為則為校內轉系機制（如後說明其招生管道，表7、8）。茲下，僅針對本校及各院107學年度之大學部主要生源途徑進行說明（如表2、3、4、5、6）。

表2　107學年度各學院學士班入學生入學管道比率

入學管道	學院				全校
	工程	管理	設計	人科	
聯合推薦甄選	40.13%	37.50%	28.98%	45.07%	37.75%
聯合登記分發	33.99%	25.24%	24.52%	21.83%	28.88%
申請入學	13.20%	11.32%	14.65%	19.01%	13.50%
海外僑生甄試	1.70%	4.72%	15.29%	2.82%	5.17%
陸生聯合招收	0.00%	0.24%	0.96%	0.00%	0.24%
高職不分系繁星班	3.40%	4.95%	3.18%	2.82%	3.71%
單獨招生	0.00%	10.61%	0.00%	0.00%	2.74%
國外學生申請入學	0.13%	0.47%	1.59%	0.00%	0.49%
轉學考	2.22%	2.12%	1.91%	4.23%	2.31%
技優甄審	1.96%	1.18%	2.23%	2.11%	1.82%
技優保送	0.92%	1.42%	5.41%	0.00%	1.82%
高職不分系菁英班	2.22%	0.00%	0.00%	0.00%	1.03%
身障生甄試	0.13%	0.24%	0.64%	1.41%	0.36%
特殊選才	0.00%	0.00%	0.64%	0.70%	0.18%
全校	100.00%	100.00%	100.00%	100.00%	100.00%

資料來源：國立雲林科技大學－IR資料庫

表3　YunTech工程學院日間部四年制學生各入學管道之入學人數

入學管道	學年度		
	106	107	108
大學部產學專班	0	0	38
申請入學	74	97	78
聯合推薦甄選	313	305	323
聯合登記分發	251	254	236

資料來源：國立雲林科技大學－IR資料庫

表4 YunTech管理學院日間部四年制學生各入學管道之入學人數

入學管道	學年度		
	106	107	108
申請入學	49	47	48
高職不分系繁星班	23	21	23
聯合推薦甄選	163	158	166
聯合登記分發	101	104	102

資料來源：國立雲林科技大學－IR資料庫

表5 YunTech人文與科學學院日間部四年制學生各入學管道之入學人數

入學管道	學年度		
	106	107	108
申請入學	21	27	27
聯合推薦甄選	63	63	62
聯合登記分發	40	28	33

資料來源：國立雲林科技大學－IR資料庫

表6 YunTech設計學院日間部四年制學生各入學管道之入學人數

入學管道	學年度		
	106	107	108
申請入學	42	46	47
技優保送	25	16	30
聯合推薦甄選	95	91	88
聯合登記分發	78	75	78

資料來源：國立雲林科技大學－IR資料庫

　　除了上述工程、管理、人文與科學及設計學院四大對外招生的學院之外，YunTech目前已有對內招生機制為主的「未來學院」，目前共有二個學程，分別為：前瞻學士學位學程、產業專案學士學位學程。未來學院成立的目的，乃為彌補原在技職體系學生中技藝優、運動績優的國手、選手、金獎得主等保送生，因

　　身處在科技大學重視學科的學術氛圍中受挫連連，因而創立

之對內招生教育系統，意圖將使學生生命從身陷單一專業系所的固化框架，透過學院多元的輔導機制、量身規劃學習計畫、學習共同體、校園內外資源連結等，讓學生在協力自造的友善環境中得以有機增生式的學習成長翻轉，提升自信。自105學年度迄今，前瞻學士學位學程學生人數，共計90人（內含畢業生15人、休學生4人）；產業專案學士學位學程學生人數，共計9人（表7、8）。

表7　YunTech未來學院前瞻學士學位學程日間部四年制學生入學人數

轉出學院	學年度			
	105	106	107	108
工程	13	7	10	8
管理	1	1	6	8
設計	4	9	3	11
人文與科學	1	3	4	1

資料來源：國立雲林科技大學－IR資料庫

表8　YunTech未來學院學位產業專案學士學位學程日間部四年制學生入學人數

轉出學院	學年度	
	107	108
工程	1	0
管理	1	2
設計	0	1
人文與科學	4	0

資料來源：國立雲林科技大學－IR資料庫

（二）各學院學生入學前系科統計

學生入學科系多元，107學年度各學院入學前畢業科系統計，以挑選出學生人數占全校學生人數前5名之科系列出，詳如表9。全校學士班學生以化工科畢業之學生入學為最多，其次為電機科；工程學院以電機科、化工科之入學人數比例較高；管理學院以資料處

理科、國際貿易科之入學人數比例最高；設計學院以廣告設計科、室內空間設計科入學比例最高；人文與科學學院以應用外語科、化工科入學之比例最高。

表9　107學年度各學院學士班入學生入學前畢業科系之分佈

學院	排序	學士班	
		學前畢業科系	比例
工程	1	電機科	13.70%
	2	化工科	12.68%
	3	電子科	10.24%
	4	資訊科	8.71%
	5	機械科	7.81%
管理	1	資料處理科	15.54%
	2	國際貿易科	15.32%
	3	商業經營科	13.06%
	4	應用外語科	5.63%
	5	普通科	5.18%
設計	1	廣告設計科	20.00%
	2	室內空間設計科	5.83%
	3	建築科	5.56%
	4	普通科	5.28%
	5	圖文傳播科	4.17%
人科	1	應用外語科	31.51%
	2	化工科	6.85%
	3	商業經營科	5.48%
	4	國際貿易科	5.48%
	5	普通科	4.79%
全校	1	化工科	6.36%
	2	電機科	6.36%
	3	電子科	5.03%
	4	資訊科	4.74%
	5	普通科	4.62%

資料來源：國立雲林科技大學－IR資料庫

　　另外，因未來學院之「前瞻學士學位學程」、「產業專案士學位學程」均為對內轉系機制，「前瞻學士學位學程」自105年度開始進行校內（對內）招生、「產業專案士學位學程」自107年度開

始進行校內（對內）招生，截止108年度，「前瞻學士學位學程」學生數共計90人（表10）、「產業專案學士學位學程」學生數共計9人（表11）。

其中，在「前瞻學士學位學程」中，以機械工程系轉入比例最高、其次是創意生活系、第三是電機工程系；在「產業專案學位學程」中，以文化資產維護系轉入比例最高、其次是機械工程系、企業管理系、工業工程與管理系、資訊管理系、建築與室內設計系。

表10　105-108年度未來學院前瞻學士學位學程轉入前系所分布

轉出學院	排序	學士班	
		轉出系所	比例
工程	1	機械工程系	17.80%
	2	電機工程系	11.10%
	3	電子工程系	3.30%
	4	環境與安全衛生工程系	3.30%
	5	營建工程系	3.30%
	6	資訊工程系	3.30%
管理	1	資訊管理系	10.00%
	2	工業工程與管理系	3.30%
	3	企業管理系	2.20%
	4	財務金融系	2.20%
設計	1	創意生活設計系	12.20%
	2	數位媒體系	7.77%
	3	建築與室內設計系	4.44%
	4	視覺傳達設計系	3.30%
	5	工業設計系	2.20%
人科	1	文化資產維護系	8.89%
	2	應用外語系	1.11%

表11　107年度產業專案學士學位學程轉入前系所分布

轉出學院	排序	學士班	
		轉出系所	比例
工程	1	機械工程系	11.11%
管理	1	企業管理系	11.11%
	2	工業工程與管理系	11.11%
	3	資訊管理系	11.11%
設計	1	建築與室內設計系	11.11%
人科	1	文化資產維護系	44.44%

（三）各學院學生入學前最高學歷統計

107學年度學士班學生入學前最高學歷分為高職、高中、綜合高中及其他合計四類，以高職生身份入學為68.35%，以高中生身份入學為16.34%；以高職生身份入學比率最高為工程學院，以高中生身份入學比率最高為人文與科學學院；各學院以高職生身份入學最多，請參閱表12。

表12　107年度各學院學士班學生最高學歷統計

學制	學前畢業學校類型	學院				總計
		工程	管理	設計	人文與科學	
學士班	高職	72.81%	71.93%	55.56%	61.97%	68.35%
	高中	14.77%	14.62%	20.00%	21.83%	16.34%
	綜合高中	7.58%	5.19%	5.71%	9.15%	6.74%
	其他	4.84%	8.25%	18.73%	7.04%	8.57%

資料來源：國立雲林科技大學-IR資料庫

有鑑於此，當前YunTech有健全YunTech IR資料庫，能真確掌握各院入學生就讀來源與概況，更有詳實的校務研究議題，得以精確探究相關校務發展等議題，能提出有效的政策與建議。準此，YunTech仍善盡課責，在面對少子女化之趨勢中，如何開源（招生策略）、如何節流（減少休退學），此亦是各大專院校所面臨之問

題。因此，YunTech以建構「以數據與證據為起始點、讓決策與行動為關鍵要素」作為校務研究單位之首要任務。

參、校務研究在大專校院招生策略發展與應用

　　校務研究具有四個主要的功能。第一為資料管理與技術支援，能夠將學生資料庫、個人資料庫、財務資料庫等做整合性的資料倉儲管理，並在軟硬體上提供專業技術支援。第二為提供外部與內部報告，如提供給大學評比排行機構或入學指南刊物出版商的數據資料、官方大學資料庫的校務數據，支援校內單位接受評鑑時所需的資料與分析報告等。第三為協助規劃與決策，如在校內系所進行招生或課程調整決策之前，透過研究予以支援，針對註冊率、留校率、學校收入進行預測分析等。第四是研究與發展，如針對專案計畫或政策推動成果進行評估、畢業生調查研究、校務效能研究與發展建議等（Volkwein, 2008；劉孟奇，2016）；而校務研究的特點是以科學化模式作為決策依據，強調數據與證據的量化或質性的分析需求（Volkwein, Liu, & Woodell, 2012），避免直覺式的決策模式，亦能幫助經驗不足的主管，在其所面對的業務領域提供客觀的評估報告，甚至在面對學校營運各層面的狀況，都能藉由數據及文字資料庫充分掌握脈動，傳承治理經驗與智慧。

　　有鑑於此，透過校務研究，該校能逐一檢視其辦學品質與學生表現是否符合預期水準，各單位間是否協同合作凝聚共識，達組織目標，並進而分析結論提供政策建議，找出辦學之亮點。準此而論，以校務研究為校務決策之本實屬當今校務重要之課題。以下，擬奠基YunTech校務研究，以探悉其校務發展與其招生策略之應用及其成效。

一、公立技專校院第一的就學穩定率

（一）成立未來學院、擴大學生適性揚才學習

　　成立未來學院為創建新型態雙軌教育系統中的一環，然而，其最終目的乃為以學生為核心，透過問題導向、興趣導向、團隊合作之跨域統整課程，提供學生接觸人文／社會／美學／科技／產業諸面向的機會，讓學生有機會從個人興趣及特質出發，與眾多學科領域、議題進行神經網絡式聚合成長，發展出適性揚才的生命發展，能有效地促進社會的文化多樣性。

　　根據YunTech IR校務研究分析，影響學生學期內辦理休學原因，排除因工作需求因素外（29.38%），其次是「學業成績」（15.91%），第三是「經濟困難」（15.10%），第四是「因志趣不合」（14.28%）等。至學期底總休學原因，排除因工作需求因素外（35.96%），其次是「經濟困難」（15.39%），第三是「學業成績」（13.57%），第四是「志趣不合」（9.30%）等。由上可見，經濟、學業、志趣等這些均為大專校院就學穩定度低的其中一個可能性影響因素，影響力不容小覷。

　　有鑑於此，YunTech根據校務研究分析結果，於教育體制進行了重大的教育改革，創建「YunTech PBL研究中心」及「未來學院」教學體系，雙軌並進，讓更多在原體制內不適應之學子，能進行校內轉系（轉入未來學院之前瞻學士學位學程或產業專案學士學位學程），以不放棄任何一位學生為目標。而根據教育部蒐集之在學學生資料進行勾稽比對後發現，107學年度各大專校院日間學士班就學穩定度高於95%以上者共有20間學校，YunTech為公立技專校院就學穩定度排名第一之學校，穩定度高達96.88%。準此而論，YunTech提供學生另一個教育系統－未來學院，以雙軌並進的學習方式，除持續保持就學穩定度之外，也逐步逐年提升就學穩定度，108學

年更提升0.47%（96.88%提升至97.35%），讓每一位學生均能適性揚才，發揮所長（表13）。

設立未來學院並實施迄今，已能有效強化YunTech學系豐富度，並讓已入學之學生若發生與原始學系有不適應的情況，可循此管道轉入培育跨域專長之未來學院，並量身規劃專屬個人學習計畫（Individualized Educational Program, 簡稱IEP[）。因此，雙軌之一教育系統－未來學院重視的是特殊專長培育，強調跨領域實作，也與務實致用的科技大學典範之學校願景相符。換言之，整體來說，對於本YunTech而言，入學後之就學穩定與否，正攸關著學生選校時的優先意願，而本校未來學院之新型態教育系統，正是為學生開啟另一扇門。

表13　107學年度臺灣大專校院學士班以下就學穩定率

序	類型	排名	校名
1	公立一般大學	1	國立政治大學（96.57%）
2		2	國立臺灣大學（96.14%）
3		3	國立中山大學（95.73%）
4		4	國立清華大學（95.61%）
5		5	國立交通大學（95.47%）
6		6	國立臺北教育大學（95.45%）
7		7	國立彰化師範大學（95.10%）
8	私立一般大學	1	逢甲大學（95.44%）
9		2	中國醫藥大學（95.17%）
10	公立技專校院	1	國立雲林科技大學（96.88%）
11		2	國立高雄餐旅大學（96.48%）
12		3	國立臺北護理健康大學（96.21%）
13		4	國立臺灣科技大學（96.04%）
14		5	國立臺北商業大學（95.91%）
15		6	國立臺中科技大學（95.81%）
16		7	國立高雄科技大學（95.61%）
17		8	國立臺北科技大學（95.58%）
18		9	國立虎尾科技大學（95.30%）
19	私立技專校院	1	長庚科技大學（97.27%）
20		2	明志科技大學（96.06%）

資料來源：本表依據教育部107學年度大專校院校務資訊公開記者會新聞稿製作，網址：https://www.edu.tw/News_Content.aspx?n=9E7AC85F1954DDA8&s=5BD50DE475CEF94A，瀏覽日期：2019年12月26日。

（二）廣納國際生就學意見、禮聘國際學者入校服務、提高國際聲譽

　　根據YunTech IR校務議題分析結果，全國大專校院境外生人數比例呈現逐年上升的趨勢，107學年度已超過10%，而YunTech境外生數比例也是呈現逐年提升，從3.4%提升至7.43%，境外生比例低於全國，學位生比例高於全國（指正式修讀學位外國學生、僑生（含港澳）、正式修讀學位陸生）。另根據IR議題研究－雲科大國際生學習滿意度調查結果，發現：就讀雲科大之原因前三名為：生活費較便宜、語言文化較容易適應、系所特色與學校知名度；願意推薦他人來就讀雲科大之原因，主要關聯因素為教學與課程，其次為環境與設備。透過上述校務研究議題分析結果，YunTech成為國際生招生宣傳重點為：生活費較便宜、語言文化較容易適應、系所特色與學校知名度、獎學金優渥。針對IR議題分析與聆聽國際生意見後發現，YunTech已進行學校住宿環境品質的優先改善，如：已針對宿舍套房進行環境設備修繕與更新等。另，YunTech亦期許自身邁向國際知名大學之願景，強化與國際接軌，故已利用資料庫之大數據分析，網羅並篩選出符應本校校務發展之優秀學者，擬於108學年度起，始禮聘相關資工、AI等專長之國際學者入校服務，以嘉惠更多學子、豐富研究與產能。

二、建構各院跨域合作之「創新教學」學習系統

（一）教育大數據分析、執行新生學習起點均質化計畫

　　YunTech以「不放棄任何一位學生」為前提，在因應十二年國教啟動後，發現新生來源多樣化，且在入學後基礎必修課程學習表現不一，造成新生學習起點行為逐漸出現差異化的現象。有鑑於此，YunTech為銜接高中職與高教端之教育，以縮短入學後的學習

差異為目標，從教育大數據分析（經採參101-105學年學期學生修課成績等7個資料檔，四年共306萬餘筆）當中篩選出對大一學生修課學習旅程穩定度，影響較多在校學習旅程（休學、退學、轉學因素），再經由決策樹篩選出微積分、物理、經濟學、色彩學等四門課程，並於107年規劃且全面啟動新生暑期均質化計畫（圖4）。其實施機制為：以數位化方式讓學生於入學前，免費接受線上均質化課程（含基礎能力檢測），課程內容包含：（1）即時教學輔導、（2）學生學習差異回饋課堂報告、（3）課後輔導機制-（工程學院）讀書會學習模式、（4）採認微學分課程。在此機制運作下，迄今運作第二年，入學前，新生完成率均達9成（94.5%）以上（表14），足可見其成效。

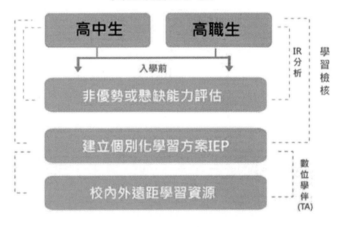

圖4　YunTech新生均質化計畫

表14　107年新生能力檢測完成率

均質化課程	完成率
微積分	93%
物理	92%
色彩學	90%
經濟學	93%
基礎能力檢測	完成率
中文	92%
英文	97%

　　入學前學習起點的弭平機制，YunTech針對開學前線上39萬筆行為資料進行分析，並將施測結果提供班級授課教師參考，包含任教班級學生之學習難點、各班平均成績、各入學管道平均成績、各班成績分布等。YunTech厚實分析結果提供教師課程編擬，針對分析結果發現：新生不同入學管道背景於物理、經濟學、色彩學三科學習表現上有顯著差異，以物理為例，研究發現，來自高職不分系繁星班入學管道的新生，需特別關注其學習落差的改善。同時，YunTech已訪談大一任課老師，持續追蹤學生學習情況，適時提供教師調整課程之參考資訊。

（二）搭配教育研究議題分析、務實檢討、支持創新教學學習系統

　　YunTech擬搭配教育大數據分析，加值應用，務實檢討現有機制成效，並善用數據驅動決策價值，經由教學現場觀察及學生學習軌跡，協助教師與教學行政單位能經由數據洞見（insight），滾動調整教學決策與資源分配，創造效益，例如：104年起已能透過學生學習軌跡，重新規劃TA資源分配，並建立預防性學習預警機制，透過IR分析篩選出修課達40人以上且不及格率高於20%之10門必修課程，提前預防性隨班嵌入課輔TA，是全國首創。107年度IR校務研究結果發現：可因主動嵌入隨班課輔TA，提升學習成效，

不及格率下降最高達16.53%，同時也免除因期中預警時間急迫，而造成學習動機被削弱或放棄學習的問題，受益學生約747人，省下聘僱個別輔導TA經費達31萬元。有效降低資源成本，提升學習效益，達致雙贏。

此外，YunTech也響應國際趨勢與教育潮流，在課程與制度、教學與學習上有了革新的策略。除了前述已透過數據探析，YunTech轉入未來學院學生之原系所之情形外，也針對校本課程中之設計思考課程進行實施成果研究。YunTech自106年起開設創新教學課程－新鮮人課程（Freshman Courses），其課程內涵為「設計思考」，主要授課對象為大一新鮮人，至107年度為止，共開設17門課，累積修習學生數為1913人。YunTech亦透過IR重要議題分析發現到，此創新教學課程之教學滿意度於107學年顯著大於106學年度（高出0.18分）。爰此，透過有效之YunTech校務研究議題分析，能務實檢討並持續支持創新現有教與學系統，有效整合教學現場之大數據與厚數據，讓機制效能化，滾動式修正，再創教學卓越新範式。

三、建構教學與產業鏈結之「產業實務」學習系統（PBL研究中心）

（一）校務研究落點分析、掌握辦學優勢

在校務機構研究（IR）方面，YunTech校務研究資料庫已完成資料盤點11個系統，已載入903個檔案，共計11,094個欄位、66,811,223筆資料。過去2年，共達成41件議題回饋校務治理、行政與學生個人，重塑學校辦學在學習資源分配典範，支持學生自主學習以提升學習成效。並在現有學生學習歷程系統（e-portfolio）中，新建置「i學習機器人」，以個人化學習報告方式，引導學生自主學習。107學年，以整體發展策略性角度切入，發展標竿學校（Benchmark school）、同儕學校（comparative school）與問責報告，

並將IR議題連結校發展任務，深化議題研究內容再搭配高教深耕計畫推動，同時將重心擺在歐美各大學，積極發展校務研究視覺化資料技術，落實於大學現場數據驅動決策模式應用。

（二）大數據分析、成立27個PBL中心、培育菁英學子、開創經濟版圖

適逢少子女化影響，生源問題，儼然成為各校招生之重要問題，此也為各校校務研究議題重要之議題。爰此，YunTech進行此議題－「少子女化影響教育產業」，發現：出生人數持續降低，對於大學來說，影響之學年度為109學年度，大學部1年級學生數將於109學年度驟降2萬人，且持續逐年下降，至117學年度降至最低；以錄取成績及系所排名來看，近年YunTech學生素質可能有些許下降；未來可能影響之產業：兒童相關產業、婦產科、婚姻行業、教育行業（蔡銘津，2012）。

有鑑於此，YunTech為落實務實致用，減緩上述衝擊，故打破院校系所藩籬，以實務帶領理論學習，成立27個PBL中心，各PBL研究中心透過問題導向、興趣導向、團隊合作引導修課學生均可針對各自的專案家族開設以專案為基礎的「PBL產業實務課程」，以解決產業實際問題，截至目前為止，已對外形成15個產業學院，與業界接洽合作（已成功媒合34間廠商），並統籌各院專才（管理、設計、工程、人文）與科技中心，為企業開發課程進行教育訓練，厚植企業研發能量與文化，發展區域內產業人才之能力需求，開創經濟版圖；另，106-2學期開始至107-1學期共有336位學生選修PBL產業實務課程（含選修I-PBL課程學生5人），另衍生出107件產學案，8件專利（107年全校共申請34件專利，累計至107年通過數達373件），規模逾2億（107年全校產學合作規模逾6億元）。綜合上述，雲科大以PBL產業課程教學與產業鏈結，真確解決實際產業問題，並透過產學研發能量分級、專案家族營運、新型態人力培育、

創新創業輔導等機制，培育具有產學、研發能力之精英人才，成為中部地區重要的科技人才孵育基地。

肆、結語：打造前瞻性人才培育之學校品牌、邁向國際型科技大學

　　雲科大以「YunTech PBL研究中心」及「未來學院」新型態教學系統為其學校教育品牌，亦具有三大特色及課責目標：（1）沒有適應不良的學生；（2）沒有無法調和教學與研究的老師；（3）沒有找不到人才的企業老闆或人資部門。為厚實就業能力及職能課程規劃與運作機制，健全畢業生就業輔導機制，在原院系系統與未來學院系統中，YunTech均實施從新生入學至畢業皆有健全的輔導措施：厚植輔導就業能力之機制與其成效，在「PBL研究中心」的加持下，近年來成效卓越。如：以教與學奠定務實致用核心，強化業界實習機制（產學共構連繫一般與專業核心能力，調整課程與業界協同教學，培育學生職能導向之實作能力）；職場就業準備與強化（新生均質化計畫，入學MAPA、UCAN職能診斷施測）、適性揚才，以不放棄任何一位學生為宗旨（成立未來學院、設置四重輔導機制<導師、職涯輔導業師、心理諮詢專業輔導師、生命教育輔導師>，量身規劃學習計畫IEP）等。此外，在YunTech原院系所中，各院系所也針對各系所學生進行專業養成計畫，將就業融入課程中，關注在學學習與產業脈動，協助學生及早瞭解就業市場，增加學生職場優勢，使學生能於畢業後無縫接軌於業界。

　　透過前述的努力後，YunTech已輔導八成以上大四學生完成職業探索（UCAN）、100%落實產業實務實習課程，三分之一學生留任、畢業生長期追蹤與調查，就業率96.9%（「2018雇主最滿意大學調查」，YunTech名列雇主最滿意的公立科技校院第四，畢業生就業表現為雲嘉南地區科技校院第一名，更榮獲企業最看好年輕潛

力大學第一名的殊榮），就業情形追蹤成效顯著。準此，在少子女化、研究生素質、臺灣工商業人口缺口、國際化趨勢的教育風潮下，YunTech已健全並創新原有院系式的教學體制，創建雙軌教育系統，持續秉持務實致用的發展願景，以雙軌並進之課程機制，建立能具體加值現有高等技職教育系統的人才培養方案，提高實務人才養成效能過程中，同時創造臺灣技職教育附加價值（產業化、責任化、特色化）。

綜合以上，YunTech無論在教學創新、產學合作、社會實踐、國際聲譽等都已展現具體成效，落實技職教育之「務實致用」的核心價值，更以「**新型態雙軌教育系統**」為主要方向、以校務研究IR之PDCA（Plan-Do-Check-Act簡稱）循環機制，驅動決策以提升教學及行政效能，逐步踏實帶領YunTech邁向國際一流科技大學之願景，期能成為務實致用的科技大學典範。

參考書目

江怡慧、林宛儒、賴奕仲、趙淑均（2011）。影響高職畢業生選擇學校因素之研究。**明新學報**，37（2），143-152。

何希慧（2016）。校務研究連結校務發展與績效責任－以科技大學為例。**評鑑雙月刊，60**。取自http://epaper.heeact.edu.tw/archive/2016/03/01/6511.aspx

李維倫、古慧雯、駱明慶、林明仁（2018）。入學管道與學習表現，**經濟論文叢刊**，網址：http://www.econ.ntu.edu.tw/ter/new/data/new/forthcoming/EAMi107-01.pdf。

國立雲林科技大學校務發展中心公開資訊。網址：https://ir.yuntech.edu.tw/index.php?option=com_content&task=view&id=1327&Itemid=700。

陳意涵（2016）。大學多元入學管道與學生學習成效之研究－以國

立宜蘭大學為例，宜蘭大學應用經濟與管理學系應用經濟學碩士班學位論文，1-87。

陶宏麟、吳幸蓁、陳碧綉、楊怡雯（2019）。大學入學管道與學業表現——以北部某私立大學為例，**經濟論文叢刊**，網址：

楊國樑、王瑞榮、陳錦初（2014）。管道多元與學生多元制度在入學後學業成就差異之比較。**樹德科技大學學報**，16：2，37-56。

銀慶貞、陶宏麟、洪嘉瑜（2015）。由大學多元入學者的個人背景與滿意度評估多元入學的成效。**應用經濟論叢**，98，1-53。

劉孟奇（2016）。以校務研究為校務決策之本。**評鑑雙月刊，60**。取自http：//epaper.heeact.edu.tw/archive/2016/02/24/6508.aspx

蔡銘津（2012）。少子女化的教育政策走向與應變。**臺灣教育評論月刊，1**（5），1-7。

鄭燕芬、王昭雄、龔瑞維（2010）。高中職學生對技職教育之認知與選擇技專校院因素之研究。**正修學報**，23，177-195

蘇子倫（2018）。107學年度大專校務資訊公開記者會新聞稿。網址：https://www.edu.tw/News_Content.aspx?n=9E7AC85F1954DDA8&s=5BD50DE475CEF94A

龔瑞維（2008）。高職學生選擇技專校院考量因素之研究。**稻江學報**，3（1），257-275。

Volkwein, J. F. (2008). The foundations and evolution of institutional research. New Directions for Higher Education, 141, 5-20. doi:10.1002/he.289

Volkwein, J. F., Liu, Y., & Woodell, J. (2012). The structure and functions of institutional research offices. In R. D. Howard, G. W. McLaughlin, & W. E. Knight (Eds.), The handbook of institutional research (pp. 22-39). San Francisco, CA: Jossey-Bass.

活用校務資料推動入學管理
——以國立臺北教育大學發展招生專業化為例

國立臺北教育大學校務研究中心博士後研究員
陳威廷（通訊作者）

國立臺北教育大學校長
張新仁

國立臺北教育大學副校長兼校務研究中心主任
楊志強

國立臺北教育大學研發長兼校務研究中心執行秘書
崔夢萍

國立臺北教育大學校務研究中心行政專員
王詩琴

壹、前言

　　國立臺北教育大學自1895年創校至今，已有124年的悠久歷史，素居教育大學的龍頭，為國家培育無數優秀國小、幼兒園與特教師資、教育行政人員，以及知名文學家、音樂家與藝術家。學校自我定位為「優質、創新、具競爭力的精緻特色專業大學」，並以「精

緻師資培育優勢、開拓教育文化產業、強化教育與實踐研究、深化藝文設計特色、前瞻數位資訊科技、推動文化創意產業、加速境外合作交流」為校務發展目標。

一、育才目標與特色

本校師資培育學系著重培育具備教育理念、了解學習者發展與需求、能規劃素養導向教學與評量、建立正向環境與適性輔導、認同與實踐專業倫理、進行全英語教學之優質師資；非師資培育學系則著重培育經營管理、文教法律、社會區域發展、文學創作、藝術與設計、文化創意、數位與資訊科技專業實務人才。本校透過開設第二專長課程、實施必修第二外語、打造海外華語文研習基地及東南亞管理人才培訓基地、與歐美、澳洲、日本等國之大學締結姊妹校、簽訂雙聯學位、辦理各項國際交流活動，如第二外語沉浸式移地教學、海外見習與實習、國際志工營服務、學海交換生計畫、國際大師短期講學等，形塑特色，提升學生人文關懷、跨域整合能力、跨國移動力與就業競爭力。

二、選才目標與政策

本校推動大學多元入學方案，在傳統以學科考試成績分發入學的管道外，適度開放以「個人申請、繁星推薦、特殊選才、單獨招生」方式入學，並積極爭取公費生與境外生外加名額，擴大招收多元背景特質的學生，包含原住民族學生、僑生、大陸地區（含香港、澳門）學生、外國籍學生、具潛力之弱勢學生，以及具特殊才能、經歷或成就之學生。為鼓勵優秀學生入學，本校加強招生宣傳，運用大學博覽會、海外教育展、招生說明會、校園參訪、寒暑假營隊、平面與網路媒體，如報紙、雜誌、電視、廣播、IOH平台

等常設交流機制，即時分享校系亮點，同時了解高中課堂教學的樣態與學生素質，作為校系調整課程架構之參考，以符應學生學習與未來就業需求。本校亦設置有資源中心、各項獎助學金、工讀機會、生活與課業學伴、職涯導師，協助學生安心就學，順利完成學業。

三、發展招生專業化之契機

面對臺灣出生人口銳減、高等教育生態日趨複雜、師資結構失衡、市場競爭加劇等問題，本校希冀藉由成立招生專責單位統籌招生事務、優化與簡化招生作業、培訓招生專業人員、結合校務研究進行回饋招生機制，發展招生專業化，充分落實「生源管道、區域、族群、社經地位多元化」的選才理念，提升「適才、適性、適所」的育才成效，傳承本校「促進社會流動」的辦學初衷。本章第二節將以本校校務研究資料庫近五年大學部三大入學管道[1]學生之入學、在學資料為例，分析入學管理兩大業務—學生招募與學生流向—關鍵績效指標（key performance indicator, KPI）達成情形，包含招生名額比率、錄取率、註冊率、休學率、退學率、大一至大二續讀率[2]及畢業率；第三節將輔以校務研究招生議題分析，探討三大入學管道學生之先備特質、學習成效差異及潛在招生競爭學校，提供招生決策調整依據；第四節將總結本校發展招生專業化之特色與方向。

---

[1] 本校近五年（103～107年）大學部核定招生名額（不含外加名額）768名／年，其中，三大入學管道（含考試分發、個人申請、繁星推薦）約占97%，其他入學管道（含特殊選才、其他甄試）約占3%。

[2] 根據本校近五年（103～107年）大學部休、退學學生年級分布，以一、二年級居多，且引領校務研究的美國聯邦教育部國家教育統計中心（National Center for Education Statistics）之全國性高教綜合校務資料系統（Integrated Postsecondary Education Data System）即採用大一至大二續讀率作為KPI。因此，本校續讀率分析主要參採大一至大二續讀率。

貳、本校入學管理趨勢分析

本校於2019年8月1日設立「招生組」，整合招生單位、系所單位、校務研究中心（Center of Institutional Research）與夥伴高中資源，有系統地針對大學部三大入學管道之學生招募與流向資料進行趨勢分析，以了解多元入學方案之實施概況，提供決策者研擬精進作為之重要參考資訊。

一、學生招募分析

（一）招生名額比率

根據103～107年統計資料顯示（見圖1），本校近五年三大入學管道招生比率合計約占97%。其中，「考試分發入學」名額比率逐年下降，減少了9.3%，而「個人申請入學」與「繁星推薦入學」名額比率則逐年成長，分別增加了3.3%與5.1%。

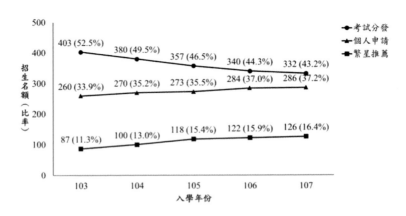

圖1　本校103～107年三大入學管道招生名額比率

（二）錄取率

　　本校近五年（103～107年）三大入學管道錄取率變化不大（見圖2），且以「考試分發入學」居高（99.8%～100.0%），「繁星推薦入學」（91.5%～95.9%）與「個人申請入學」居次（71.1%～78.0%）。

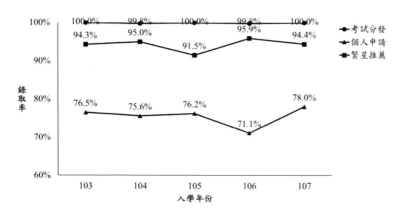

圖2　本校103～107年三大入學管道錄取率

（三）註冊率

　　本校近五年（103～107年）三大入學管道註冊率微幅波動（見圖3），仍以「考試分發入學」居高（95.3%～97.7%），「繁星推薦入學」（83.1%～91.8%）與「個人申請入學」居次（67.6%～75.5%）。

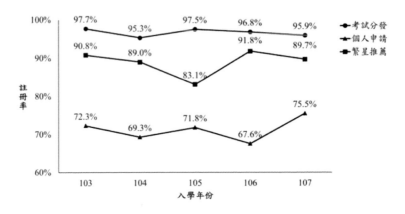

圖3 本校103～107年三大入學管道註冊率

二、學生流向分析

（一）休學率

本校近五年（103～107年）三大入學管道休學率自104年起呈現下降趨勢（見圖4），並以「考試分發入學」居高（7.3%～11.2%），「個人申請入學」（2.5%～9.7%）與「繁星推薦入學」居次（1.8%～7.8%）。

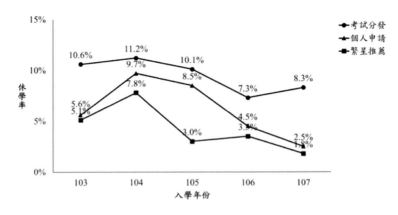

圖4 本校103～107年三大入學管道休學率

（二）退學率

本校近五年（103～107年）三大入學管道退學率自104年起逐年下降（見圖5），並以「考試分發入學」居高（0.0%～11.2%），「個人申請入學」（0.0%～8.7%）與「繁星推薦入學」居次（0.0%～4.4%）。

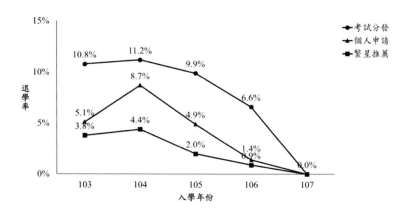

圖5　本校103～107年三大入學管道退學率

（三）大一至大二續讀率

本校近四年（103～106年）三大入學管道大一至大二續讀率，以「繁星推薦入學」居高而無明顯趨勢（96.6%～99.0%），「個人申請入學」（96.3%～97.7%）與「考試分發入學」居次（91.9%～95.6%），分別呈現上升與下降趨勢（見圖6）。

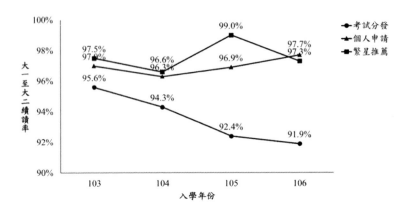

圖6　本校103～106年三大入學管道大一至大二續讀率

（四）畢業率

　　本校近四年（100～103年）三大入學管道畢業率逐年下降（見圖7），並以「繁星推薦入學」居高（92.4%～96.9%），「個人申請入學」（88.8%～96.4%）與「考試分發入學」居次（84.9%～90.3%）。

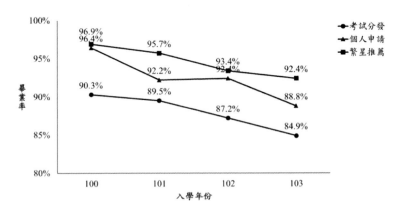

圖7　本校100～103年三大入學管道畢業率

上述分析結果顯示，本校近年來「繁星推薦入學」管理成效佳；「考試分發入學」錄取率與註冊率雖高，但休、退學率亦高，且大一至大二續讀率與畢業率均逐年下降，未發揮適性選才的功能；「個人申請入學」錄取率與註冊率低，雖其名額可流至「考試分發入學」，卻也意味著無法優先招到優秀且適性的人才。因此，如何調整招生策略，從多元設定的甄選項目中進行多元擇優，以提升入學管理整體效能，實為當務之急。

參、校務研究在本校入學管理之應用與成效

　　為掌握大學部三大入學管道學生入學前與在學期間的狀況，尋求因應對策，以提升招生效果，本校責成校務研究中心進行招生專業化系列分析，延伸探討學生先備特質與學習成效之關聯、潛在招生競爭學校等議題。

一、學生先備特質分析

（一）高中畢業學校分布

　　根據103～107年統計資料顯示（見圖8），本校三大入學管道學生主要畢業於景美女中、中山女中、板橋高中、師大附中、松山高中、大同高中、內湖高中、成功高中、中和高中、北一女中等北部頂尖高中。

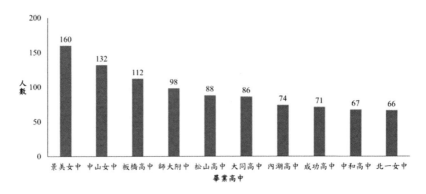

圖8　本校103～107年三大入學管道畢業高中分布（僅列前十所）

（二）入學成績分布

　　以單因子變異數分析（one-way ANOVA）探討本校103～107年三大入學管道學生學測各科平均級分是否有顯著差異，結果顯示「國文」（$F_{(2, 3729)}$ = 2.87，$p > .05$）及「自然」平均級分無顯著差異（$F_{(2, 3730)}$ = 0.18，$p > .05$），「英文」（$F_{(2, 3730)}$ = 9.78，$p < .001$）、「社會」（$F_{(2, 3730)}$ = 31.59，$p < .001$）及「數學」平均級分達顯著差異（$F_{(2, 3729)}$ = 6.08，$p < .01$）。經Tukey檢定發現，本校「個人申請入學」學生之學測「英文」平均級分（M = 11.16，SD = 2.41）顯著低於「考試分發入學」者（M = 11.53，SD = 2.24）。其次，「個人申請入學」學生之學測「社會」平均級分（M = 11.62，SD = 2.23）顯著低於「考試分發入學」（M = 12.15，SD = 1.64）與「繁星推薦入學」者（M = 12.07，SD = 1.57），「數學」平均級分（M = 8.79，SD = 3.43）則顯著高於「考試分發入學」（M = 8.49，SD = 2.68）與「繁星推薦入學」者（M = 8.29，SD = 2.38）（見圖9）。

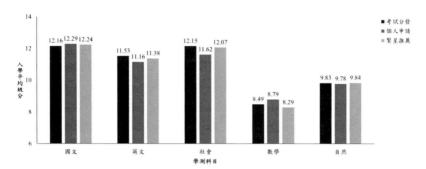

圖9　本校103～107年三大入學管道學測各科平均級分

二、學生學習成效分析

　　以單因子變異數分析探討本校103～107年三大入學管道學生在校平均成績是否有顯著差異，結果顯示達顯著水準（$F_{(2, 3688)}$ = 34.75，$p < .001$）。經Tukey檢定發現，本校「繁星推薦入學」學生之在校平均成績（$M = 85.36$，$SD = 5.16$）顯著高於「個人申請入學」（$M = 82.20$，$SD = 8.11$）與「考試分發入學」者（$M = 82.02$，$SD = 8.63$）（見圖10）。

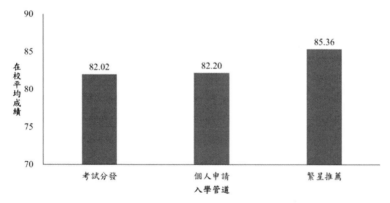

圖10　本校103～107年三大入學管道在校平均成績

三、學生先備特質與學習成效之關聯分析

進一步分析本校103～107年三大入學管道學生學測各科平均級分與在校平均成績之關聯，發現本校三大入學管道學生之學測「國文」、「英文」及「社會」平均級分與其「在校平均成績」呈現顯著正相關。亦即，本校「考試分發入學」、「個人申請入學」與「繁星推薦入學」學生之學測「國文」、「英文」及「社會」平均級分愈高，其「在校平均成績」愈高。本校三大入學管道學生之學測「數學」及「自然」平均級分與其「在校平均成績」無關聯（見表1）。

表1　103～107年三大入學管道學測各科平均級分與在校平均成績之相關

變項	在校平均成績		
	考試分發	個人申請	繁星推薦
學測國文平均級分	.17**	.18**	.21**
學測英文平均級分	.18**	.26**	.21**
學測社會平均級分	.14**	.19**	.16**
學測數學平均級分	-.04	.04	.05
學測自然平均級分	.01	.04	-.01

註：$^{**}p < .01$。

四、潛在招生競爭學校分析

根據交叉查榜統計結果顯示，本校103～107年「個人申請入學」第二階段指定項目甄試正取生，最後選擇至他校就讀的人數比率，以國立臺灣師範大學、國立彰化師範大學、國立臺北大學、國立臺灣藝術大學、臺北市立大學、國立清華大學、輔仁大學、國立中興大學、國立高雄師範大學、國立中正大學等一般大學居高（見圖11）。

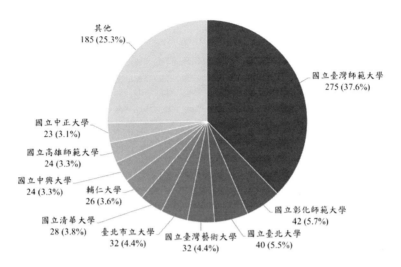

其他
185 (25.3%)

國立臺灣師範大學
275 (37.6%)

國立中正大學
23 (3.1%)

國立高雄師範大學
24 (3.3%)

國立中興大學
24 (3.3%)

輔仁大學
26 (3.6%)

國立清華大學
28 (3.8%)

臺北市立大學
32 (4.4%)

國立臺灣藝術大學
32 (4.4%)

國立臺北大學
40 (5.5%)

國立彰化師範大學
42 (5.7%)

圖11　本校103～107年個人申請入學潛在招生競爭學校（僅列前十所）

　　綜合上述分析結果，本校三大入學管道生源高中多集中於北部地區。此外，三大入學管道學生學測各科平均級分各有高低，在校平均成績則以「繁星推薦入學」學生居高，且三大入學管道學生學測各科平均級分與在校平均成績關聯性低。再者，「個人申請入學」潛在招生競爭學校不乏本校之同儕、對照或標竿學校。

五、校務研究回饋機制與因應對策

　　本校校務研究中心定期於學校重要會議（如行政會議、全校教師座談會）報告議題分析結果，並參與決策討論。為有效地達成本校招生需求與願景，校務研究中心建議各學系酌參分析結果，建立招生重點高中名單、修訂招生簡章「學測參採科目、成績檢定標準及篩選倍率」與「甄試參採項目及總成績占比」、檢討甄試與放榜日期。同時，與招生組協作，擬定下列因應對策：

（一）調整多元入學方案名額分配

因「個人申請入學」之招生期程較其他入學管道早，又分析結果顯示，本校「個人申請入學」學生之整體表現（含休學率、退學率、大一至大二續讀率、畢業率、在校平均成績）優於「考試分發入學」者，建議提高「個人申請入學」名額比率，並降低「考試分發入學」名額比率，以確保招生質量。本校108年「個人申請入學」名額比率，相較107年之286名（37%），提高至346名（45%），109年再提高至382名（50%）。

（二）強化入學篩選機制

1.修訂招生條件

本校選才除重視學生基本學力外，更重視非考試科目及跨領域、專題實作能力，而「個人申請入學」強調以「多資料參採、重視學習歷程」的方式選才，透過審查書面資料（如自傳、讀書計畫、學習檔案、成果作品）、面試及能力測驗，使考生與學系彼此具備一定程度的認識，有利於招收志向、興趣與能力相符之學生，因此建議提高「個人申請入學」第二階段指定項目甄試書面審查資料占甄選總成績之比例，並調降學測成績占比。

根據統計資料顯示，本校自108年提高「個人申請入學」招生名額比率、減少檢定科目、提高篩選倍率、調降學測成績占比，並提高書面審查資料占比後，缺額情形已明顯改善，由107年之63名（22.0%）大幅降至36名（10.4%）。

2.建立書面資料審查制度

為提升「個人申請入學」書面資料審查之嚴謹性、客觀性、一致性與鑑別力，本校參考校務研究中心提供之「主要生源高中名

單」及「108新課綱前導學校名單」（大學問，2019），安排一系列演講、工作坊及諮詢會議，邀請辦理招生專業化有成之校外專家學者與高中教師至本校分享（如「大學招生專業化規劃之經驗分享」、「108新課綱與學生學習歷程實務經驗分享」、「能力取向評量尺規工作坊」及「差分檢核機制與評分員訓練工作坊」），以協助各學系訂定「個人申請入學」書面資料審查評量尺規、實施模擬評分、進行差分處理及核算、登錄與複核成績，形成標準化之審查機制。

（三）完善招生資料庫

本校積極參與國立暨南國際大學「高級中等學校學生學習歷程於大學招生參採應用計畫」，整合其開發之「學生學習歷程資料庫」與本校校務研究資料庫，並擴充招生系統成績評核與登錄功能，納入「招生專業發展網站平台」，期能建立更全面、友善便利的使用者介面，提升資料使用效益。

肆、經驗的總結

一、值得驕傲的特色

本校藉由成立招生組、校務研究的投入與跨單位的合作，完善具競爭優勢的入學管理機制，掌握學生入學前、在學期間至畢業後的狀況，推動重視學生個人的生涯教育與全方位支援，在執行策略上，具下列特色：

（一）對外招生宣導專業化

本校創立「招生傳習營隊」，由在校學生進行經驗分享與交流，了解潛在學生的學習需求，並持續建置校友人力資料庫。本校

亦成立「高中夥伴學校策略聯盟」，深入了解主要生源高中開設的特色課程、學生社團活動與學術競賽參與情形，並主動邀請各高中校長、主任、教師及學生參觀本校各學系舉辦之畢業展、成果展、音樂會、體育表演會、戲劇公演等活動，促進雙方了解與合作。

（二）招生作業程序標準化

本校編製有甄選流程、甄選標準、審查評量尺規、面試提問技巧等注意事項，提供各學系教師參考，以專業嚴謹的態度與方法辦理招生甄選作業，兼顧甄選公平性及考生應試權益。

（三）招生人員培訓系統化

本校招生人員定期參加教育部及大學甄選入學委員會辦理之招生試務說明會及招生作業檢討會，並視需要召集各學系教師與助教，說明各項招生試務作業，建立各學系「專業審查人員制度」，強化招生組織及人力。

（四）校務研究回饋機制化

本校校務研究中心已建置完善的專業管理機制與集中式資料庫，有系統地蒐集、交叉分析招生預警資料，進行示警，協助系所單位即時修正招生策略。

二、未來的發展方向

本校未來將持續建置與維護招生資料庫，完成高中「學生學習歷程資料庫」與校務研究資料庫之串接，進行各入學管道之後設評估研究，藉以檢視設計機制之優劣，滾動修正審查架構、流程、評量尺規、實施辦法與細則，優化與簡化選才作業。

參考文獻

大學問（2019）。【考高中】鎖定73所108新課綱前導學校。取自 https://www.unews.com.tw/News/Info/2884

國立臺灣海洋大學校務研究機制於招生相關策略之應用

國立臺灣海洋大學教務長
張文哲

國立臺灣海洋大學教務處學術服務組組長
薛朝光

國立臺灣海洋大學教務處學術服務組專員
蔡孟佑

國立臺灣海洋大學教務處學術服務組專員
顏翠玉

壹、前言

一、本校辦學特色

本校為「國際級的海洋專賣店」，以海洋特色辦學，朝向「以海洋為主，但不以海洋為限」的多元化目標發展，深耕系所間或跨領域間的橫向、縱向整合，強化「海洋海事水產」專業特色，同時提升相關高科技研究。

以「以學生為本：辦一所令人感動的學校」及「專業與海洋特

色：辦一所社會上不可或缺的學校」為辦學理念，以培育具備人文素養與應用能力之專業人才，致力於海洋相關領域之學術與應用發展，期能孕育出「具備海洋視野與人文素養的海大人」基本素養及「具備國際競爭力之專業能力、創造能力、執行能力及社會關懷能力」之核心能力的優質人才。

本校秉持「活力創新」的策略，以「育才」、「留才」、「用才」之可持續發展策略，促使本校持續邁向全球「卓越教學與特色研究兼具的海洋頂尖大學」之目標奮進。

二、大學校院招生之困境

近年來，由於貧富差距、經濟疲振，物價上漲等因素影響，相對使得育兒成本大幅提升，再加上忙碌競爭的工作型態，造成許多已婚家庭對於養育下一代的期望怯步，甚至成為了長期的趨勢，少子的結果變得不可避免，也逐漸嚴重衝擊各大學之招生問題。

為了解實際少子化對招生的影響，由統計處之資料分析民國83至99年出生人數的變化，其中民國83年出生之學子，應於民國101年度入學大學一年級，故民國83至99年出生之學生預計於民國101至117年陸續進入大學就讀。

由圖1.1.1可發現民國83至86年之出生人數並無明顯下降（無少子化趨勢），但於民國87年時些微下降，民國88至89年略為回升。因此表示實際影響少子化之學生入學除民國105年（民國87年出生）外，後續於民國108年（民國90年出生）開始下降，並於民國112年（民國94年出生）降至低點，甚至低於101至104入學年（民國83至86年出生）人數的三分之一。

因此，於考選部公布之報考人數如表1.1.1所示，可以發現101至106年度之歷年報考人數確實逐年下降，相較於101年度，102至104平均每年約逐漸減少1400至1500人，於105年度卻大幅下降1萬多

人，表示105年度確實受當時出生人數之下降而受到顯著影響，雖隔年出生人數回升（88年，如圖1.1.1），可是106年度的報考人數卻還是相較於105年度減少了6000多人左右，代表就讀大學之意願似乎原本就呈現出下降的趨勢。

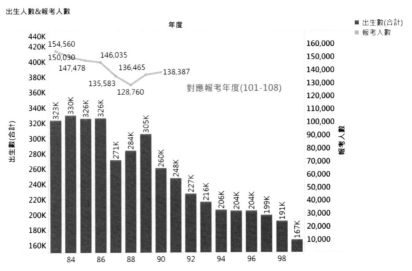

圖1.1.1 民國83至99年出生人數圖（資料來源：統計處）

表1.1.1　民國101至106年報考人數表

年度	101	102	103	104	105	106
報考人數（人）	154560	150030	147478	146035	135583	128760

　　由上述分析可以發現，少子化確實可能影響了學生就讀大學的基本母數，但實際上由報考人數的趨勢可以發現不單因為少子化，原大學報考人數就有持續降低之情形，因而少子化對於報考人數的影響逐年更劇，相對使得各大專院校之招生更是雪上加霜，也因此讓招生相關議題在目前的校務經營與研究上變得非常重要且刻不容緩。

對於公立學校而言，少子化之衝擊在短期內並不顯著，主要是由於報考人數（母數）減少之狀況下，受到第一波衝擊的為原招生狀況相對不理想之學校，但並不代表前端學校未受影響。根據本校分析結果顯示學生入學成績有逐年降低的趨勢，表示少子化的衝擊於入學生之素質開始發生變化，因此為因應此一衝擊，本校及早規劃或進行治校營運策略來為之調整，並且推動多元招生策略，以避免被邊緣化。

三、本校招生策略說明及未來招生方式

本校招生包含有效之招生宣傳及多元入學管道二個面向。首先，在招生宣傳面向：藉由培訓種子人員進行各式招生宣傳活動（包含大博會、高中招生宣傳、媒體專刊、網路平台）以達到良好之招生宣傳效果，並辦理各種特色營隊及高中教師海洋體驗營，吸引高中教師及學生參與，強化其對各系所之認知進而提升就讀意願；而深受家長喜愛之新鮮人說明會，則可提供家長及學生對本校學習及生活環境認識之機會，進而鼓勵其子弟入學就讀。而在多元入學管道面向：透過各種入學管道（包含繁星計畫、個人申請、考試入學、運動績優甄審等），以吸引全方位優秀人才就讀本校。

因應未來少子化之衝擊，本校因應之道是擬訂上述有效的招生策略，而各系所也配合學校策略，透過多元化招生方式，並由各學系輪流或一起舉辦「特色營隊」活動、強化與高中的連結度，藉此讓參與學員對本校各學系有更充分之認識與了解，進而加強就讀之意願。此外透過學、碩士五年一貫制度鼓勵優秀大學生繼續留校升學，增加碩、博士班甄試生比例且改以[1]開放式入學審查制度，並調整碩、博士班招生策略招收境外生等多面向的策略執行，持續精

---

[1] 開放式入學審查制度：具體作法做法為碩、博士之書面審查轉變為線上書審且各學院之各系所聯合招生，增加學生之選擇性及提供更大彈性。

進，以達成永續優質經營的招生目標。

因此，校務研究於招生策略以及未來招生方式之方向擬定，扮演著重要的角色。本校除了針對不同面向進行招生策略之推動，亦藉由校務研究之機制管控各項方案決策，包含檢核原策略之成效、分析方案各項指標並滾動修正方案、分析現況趨勢擬定新方案等。故校務研究機制可確保招生推動品質，且更提升專業之校務經營。

（一）多元化招生

1. 提升招生品質

（1）大學部提供不同招生管道，包含繁星推薦、個人申請、考試入學、運動績優甄審、特殊選才等管道。除落實多元入學政策，吸引多方位優秀人才就讀本校，亦鼓勵弱勢族群學生升學並盡社會照顧責任。

（2）逐年提高繁星推薦管道招生人數及比例，促成區域均衡發展及高中教學正常化，招收更多適性學習的優秀學生。

（3）制定獎勵入學方案，鼓勵成績優異學生選填本校。

（4）每年召開大學部招生簡章會議，檢討各管道篩選機制與名額分配之合宜性，有效改善招生機制。

（5）鼓勵本校應屆或已畢業優秀學生繼續就讀校內研究所碩博士班（例如加強產學合作，提高甄試入學比例等）。

2. 辦理特色營隊

（1）為鼓勵各系所舉辦特色營隊，本校將營隊納入「教學卓越計畫_高中優質精進計畫」的一環，希望透過主題營隊，以專業但不失樂趣的方式讓高中學子及大學新鮮人接觸相關知能並提供生涯規劃之參考，也提供參與學員深入了解本校特色的機會，進而達到招生宣傳之效。

（2）鼓勵學系以高中結盟方式辦理特色營隊，使本校特色得以向下紮根。

3. 強化招生宣傳及加強與高中連結度

（1）透過各種活動宣傳學校發展特色，吸引更多優秀學生就讀，例如參加大博會及各重點高中學校舉辦之升學博覽會等。

（2）規劃有大學專刊、研究所指南等平面媒體刊載，藉以彰顯本校各領域特色及辦學成效。

（3）透過無遠弗屆的網路平台，提供即時充分招生資訊並達行銷目的，例如Yahoo關鍵字廣告、中央社訊息平台、獎助各系所拍攝宣傳影片並上傳至分享網站（YouTube）等。

（4）定期培訓種子人員、解說人員，配合全校性招生計畫進行宣傳及解說，以及聯繫接待各高中職校至本校參訪，經由特色宣傳及解說凸顯海洋大學優勢，進而鼓勵性向符合之學生報考就讀。

（5）舉辦「高中教師海洋體驗營」活動，經由全面性解說、特色實驗室參訪及綜合座談等方式，讓輔導學生升學之高中教師對本校各系所有更充分之認識了解，進而得以輔導學生選擇就讀。

（6）配合高中端校外教學體驗之需要，依學校之申請內容安排特色實驗室簡介及座談，使本校之研發成果及教學能量得以深獲高中端學子認知。

（7）舉辦新鮮人說明會，俾建立其對本校之向心力與歸屬感，並提供家長對本校學習及生活環境認識之機會，進而鼓勵其子弟入學就讀。

4. 馬祖校區招生

（1）依多元入學管道方式進行招生，包含繁星計畫、個人申請、考試入學、運動績優甄審、特殊選才等管道。

（2）本校至高中職進行宣傳時，加強宣傳馬祖校區之規劃及教學，吸引學生報考。

（3）至馬祖當地高中職進行招生宣導活動。

（二）推動與高中合作之大學先修課程、吸引優秀之在地學子

1. 與基隆高中合作開設先修課程：

（1）開設2門博雅課程，分別為高一下（海洋探索Ⅰ、2學分）、高二上（海洋探索Ⅱ、2學分）授課，課程主軸預設為：海洋科學工程、海洋漁業與養殖、海港城市與文化。授課教師到基中上課，除上課外，輔以實作、參訪。

（2）為銜接高一下課程，於高一上時舉辦1至2場專題演講[2]，提升高中生參與先修課程意願。

（三）新生入學說明會暨新生家長日

1. 舉辦「新生入學典禮」、「校園資源博覽會」等活動。

2. 由校內各行政單位透過多項創新多元的主題活動及遊戲的方式，協助新生迅速認識校園並瞭解學校各行政單位的業務及各項服務，清楚知道學校的教育目標、基本素養、核心能力及自我定位。

（四）僑生有效招生

1. 提升目前僑生招生管道的品質：目前僑生招生主要管道為參加海外教育展、僑大先修部大學博覽會、拜訪僑大先修部及海外僑校、海外僑校師生來訪、海青班宣導團、學生透過網路及電話詢問。

2. 提升新生報到率相關行政效率：整合與新生就讀系所、僑生

---

[2] 演講為本校之教師針對該教師之研究室相關設備、研究內容等之說明及宣傳，並於高一下學生可申請至本校教師之研究室參與研究之課程，文章中提及之銜接高一下課程為學生至本校申請研究學習之課程。

輔導單位統籌規劃資源運用，加強橫向連結。設計就學意願調查表，提供學生接機服務、宿舍保留服務及入學行政作業所需的資訊。

3. 提供僑生便利性與確定性：設計常見問題Q&A，方便招生時與後續輔導使用；設計各國來臺就讀路徑圖，以利學生一目了然；強化僑聯社於招生前端與新生聯繫的管道。

4. 強化招生現場宣傳吸引力：逐步擴充ipad、投影機、X展架、宣傳布條、豎旗……等相關硬體設備；設計簡易APP互動遊戲、校園照片特輯、學生活動特輯、傑出僑生校友成就特輯……等軟體設備。

5. 增加僑生的認同感：組織培訓僑生為成員之宣傳團隊，協助針對重點地區（港、澳、印尼及馬來西亞）或各僑校進行宣傳，彌補招生人力缺口，同時加大宣傳力度。

（五）國際生及國際交換生有效招生

1. 提升學生招生品質
   （1）提高英文與華語文門檻：為落實與確保學生就讀與學習成效，訂定最低語言門檻篩選優秀與適任人才至本校就讀。
   （2）因地制宜的系所初審制度：系所得針對外籍新生，除書面審查外亦可要求執行相關專案或研究報告或視訊口試，以確保與評估潛在學生之能力與潛力。
   （3）優先錄取獲得外部獎學金之學生：獲取外部獎學金之學生已歷經各項審查，專業能力與學習潛力已有水準，確保學生品質。
   （4）提供優渥獎學金予優秀學生
   （5）招生策略須著重品質，不追求錄取率的高低，由系所依學生程度決定是否具錄取資格。

2. 積極推動有效的招生策略、境外辦學及未來推動事項

（1）開設國際學分學程及學位學程，積極宣傳特色系所鼓勵教
　　師進行全英語授課，推動各系開設1-2門全英專業課程，並
　　逐年提高比例；設立多元的全英語學分學程及學位學程，
　　透過全英語授課之專班開設，吸引國際學生前來就讀。
　　此外，亦擴大開設華語專班與華語文教學座談會，由華
　　語文中心安排開設暑期華語先修課程，提供國內外98位
　　國際學位生、交換生、訪問學生華語學習機會。

（2）積極參與國內及東南亞海外地區教育展，製作相關文
　　宣、海報、及宣傳品，宣揚本校海洋特色及教學理念，
　　取得與境外生直接接觸之機會，吸引外國優秀學子赴本
　　校就學，並可連繫境外畢業校友參加國外之教育展，分
　　享來臺之生活經驗，以利招生活動順利進行。

（3）善用各項電子與傳統行銷平台結合教育部設立之「臺灣
　　教育中心」及相關辦公室資源，寄發本校招生形象海報
　　及文宣，登載本校招收國際學生專屬網頁；於時下最流
　　行之社群網路（如Facebook）之本校境外生專區，發佈
　　本校境外生相關活動訊息，以宣揚本校境外生之各項優
　　惠待遇及福利。另外亦將結合ESIT菁英來臺留學招生網
　　站，相關新設立之招生平台進行宣傳與招生。

（4）利用建構線上招生系統，整合相關招生資訊與招生填寫
　　報表，以簡化外籍生申請流程並節約國際郵遞與代辦費
　　用，強化國際學生申請意願。

（5）越南、馬來西亞、印尼等地一直為本校國際學生申請案
　　之重點來源，為因應少子化趨勢，本校未來除積極維持
　　原有之合作關係外，亦擬積極參與東南亞地區其他國
　　家（菲律賓、泰國等）之招生展，拓展本校之國際知名
　　度，並建立本校國際教育之優良口碑。

（六）陸生、陸生交換生有效招生

1. 提升招生品質
   （1）透過姐妹校交流窗口協助公告轉知本校碩、博士班招生資訊。
   （2）寄發Email予歷屆來校研修交流之姐妹校學生，說明本校大學、碩、博士班招生資訊，並歡迎同學轉知其他符合報考資格之親友。
2. 積極推動有效的招生策略、境外辦學及未來推動事項
   （1）透過會議及相關管道建議政府逐步放寬對於涉海事、海洋相關科系的研修限制、減短大陸學歷採認政策的期程、增加學歷採認之學校數。
   （2）加強與大陸地區「985工程」學校、「211工程」學校之交流，營造姐妹校合作的機會，除可增加本校陸生之員額，亦可提升本校學生赴大陸地區研修之意願。

貳、本校招生現況分析

一、大學部現況分析

大學部招生，以繁星推薦、個人申請、考試分發為主要管道，並包括運動績優、四技二專甄選入學等管道。

自105學年度起，教育部核准本校辦理特殊選才招生，可以招收對海洋領域有興趣及有潛力的學生，招生方式更加靈活，招生名額由10名，增加至108學年度的65名。

為配合區域均衡及發展學生的興趣，本校逐年調增繁星推薦及個人申請的招生人數，對相關領域有興趣的學生得以進入學校就讀。由於大學部入學管道中，個人申請及特殊選才等招生人數逐漸

增多，因此，書面審查的公平性也越受到重視。

　　繁星推薦、個人申請等招生管道，若有內含名額的學生未招滿或放棄者，名額都會回流至指考分發管道，因此，指考分發管道實際招生名額都較教育部核定的名額多。近5年各管道招生情形，如下表2.1.1所示。

表2.1.1　近5年（104-108學年度）各類入學管道招生情形人數統計表

學年度	入學管道	教育部核定招生名額(A)	實際招生名額(B)	錄取人數(C1)	備取人數(C2)	統一分發人數(D)	招生達成率(E)	缺額(F)	註冊人數(G)	註冊人數比率(H=G/B)
108	特殊選才	65	65	65	148	65	100%	0	64	98.46%
	繁星推薦	367	367	342	-	342	93.19%	25	321	87.47%
	個人申請	648	648	648	1144	636	98.15%	21	564	87.04%
	考試分發	231	325	325	-	325	100%	0	290	89.23%
	四技二專甄選入學	40	38	38	57	38	100%	0	38	100%
	運動績優單獨招生	14	14	14	33	14	100%	0	13	92.86%
107	特殊選才	35	35	35	103	35	100%	0	33	94.28%
	繁星推薦	346	346	344	-	344	99.42%	0	316	91.32%
	個人申請	634	634	633	1038	612	96.52%	21	546	86.11%
	考試分發	308	388	388	-	-	100%	0	351	90.46%
	四技二專甄選入學	25	25	25	40	25	100%	0	24	96.00%
	運動績優單獨招生	12	12	12	39	-	100%	0	11	91.66%
106	特殊選才	17	17	17	139	17	100%	0	16	94.11%
	繁星推薦	259	259	260	-	259	100.39%	-1	243	93.82%
	個人申請	683	683	683	973	625	91.51%	58	566	82.86%
	考試分發	364	479	479	-	479	100%	0	449	93.73%
	四技二專甄選入學	25	25	25	50	25	100%	0	25	100%
	運動績優單獨招生	12	12	12	26	12	100%	0	11	91.66%
105	特殊選才	10	10	10	45	10	100%	0	10	100%
	繁星推薦	236	236	236	-	236	100%	0	212	89.83%
	個人申請	650	650	650	1138	598	92.00%	52	521	80.15%
	考試分發	370	493	493	-	493	100%	0	472	95.74%
	四技二專甄選入學	25	25	25	40	25	100%	0	25	100%
	運動績優單獨招生	9	9	9	0	9	100%	0	9	100%
104	特殊選才	0	0	0	-	0	-	0	0	-
	繁星推薦	229	229	229	-	229	100%	0	216	94.32%
	個人申請	585	585	585	950	530	90.60%	55	468	80.00%
	考試分發	453	556	556	-	556	100%	0	538	96.76%
	四技二專甄選入學	22	22	22	35	22	100%	0	20	90.91%
	四技二專技優入學	2	2	0	-	0	0%	2	0	0%
	運動績優單獨招生	9	9	9	0	9	100%	0	8	88.89%

根據以上表格內容，將主要入學管道，如考試分發、個人申請及繁星推薦依不同年度之部定名額及實招名額，繪製其趨勢圖如下。

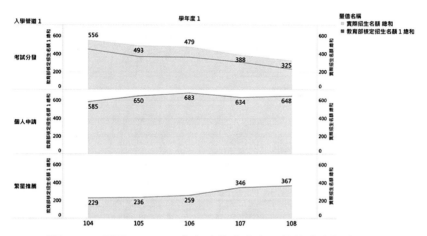

圖2.1.1　民國104至108各年度學士班各入學管道之招生名額

　　由圖2.1.1可發現歷年繁星推薦以及個人申請之核定名額以及實際招生名額逐年上升，尤以繁星推薦，108年相較於104年上升了約1.5。

二、碩士班現況分析

　　碩士班招生，以辦理甄試（以資料審查及口試為主）及考試（考試項目以筆試為主，部分系所依其需要辦理審查或口試）為主要管道。

　　近5年碩士班各入學管道招生情形，如下表2-2所示。104學年度至108學年度總招生名額從777人增加至781人；總報名人數從1,623人降至1,514人；總錄取率從48%增加至51%。

　　從表2.2.1得知，本校從104學年度至108學年度在甄試入學報名人數呈現逐年上升的趨勢（795人增加至826人），而考試入學報名

人數則相對明顯降低（828人減少至688人），顯現出目前學生在甄試或考試兩種不同入學管道上之偏好。

表2.2.1　近5年（104-108學年度）碩士班入學管道招生情形人數統計表

學年度	入學管道	招生名額(A)	總招生名額(B)	報名人數(C)	總報名名額(D)	錄取率(A/C*100%)	總錄取率(B/D*100%)
108	甄試	468	781	826	1,514	57	51
	考試	313		688		45	
107	甄試	468	781	880	1,529	62	65
	考試	313		649		69	
106	甄試	466	781	816	1,438	57	54
	考試	315		622		51	
105	甄試	466	777	818	1,580	59	49
	考試	311		762		45	
104	甄試	433	777	795	1,623	61	48
	考試	343		828		50	

　　根據以上表格內容，將入學管道，甄試及考試依不同年度之招生名額及報名人數，繪製其趨勢圖如下。

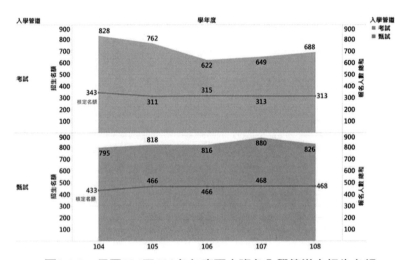

圖2.1.2　民國104至108各年度碩士班各入學管道之招生名額

由圖2.1.2可以發現本校研究所之入學管道，期中考試進入本校就讀之人數每年約300人，但報名人數有些微下降之趨勢；甄試入學每年則約450人，報名人數則維持約在800人。

參、校務研究在本校招生策略之發展與應用

一、大學部招生策略之發展與應用

（一）安定學生來源，邁向永續經營

1.大學指考分發、學測等管道入學及自辦招生，調整各入學管道名額

本校於104學年度至105學年度獲得教育部新生名額為1300人，106學年度至108學年度為1300人及60名外加名額，因此本校每年皆針對各系進行招生相關會議分配不同入學管道之招生名額。

基於本校每年招生尚未遭遇招生名額不足之狀況，故期望能從入學管道之名額分配進而收到更多適才、適性、適所的優秀學生，因此針對不同入學管道之學生入學成績（學測成績），及在學成績（班排名PR值）進行分析如圖3.1.1所示。

由圖3.1.1可看到本校101至108年度不同入學管道學生之學測及在學成績，其中主要入學管道—大學指考分發、個人申請及繁星推薦分別為綠色、藍色及黃色。分析結果以入學成績來說歷年以個人申請管道之學生入學成績較大學指考分發高，但自107年起個人申請之學生成績較大學指考分發低，而繁星推薦為三種入學管道中最低；但以在學成績面向觀察，繁星推薦之入學生於三種主要入學管道之表現最佳。由上述分析可表示雖然繁星推薦之學生因為城鄉差距，於學測之表現相對較低，但於在學成績的表現（學習成效）則反例為最高。

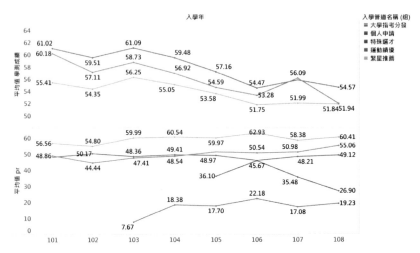

圖3.1.1　101至108年度各入學管道入學（學測）、在學成績

　　因此為了提升學生素質，本校針對圖3.1.1進行不同科系之延伸分析，參考分析結果於招生相關會議針對不同系所進行名額調整，如表3.1.1所示，顯見繁星推薦名額全校總量逐年上升，比例由18%提升至27%，希望乃藉此能招到更多學習成效佳之學生入學。

表3.1.1　104至108年度各入學管道招生名額變化

學年度	人數／比例	繁星推薦	個人申請	考試入學	特殊選才	技專甄選	運動績優	其他
104	人數	229	585	453	0	22	9	2
	比例	18%	45%	35%	0%	2%	1%	0%
105	人數	236	650	370	10	25	9	0
	比例	18%	50%	28%	1%	2%	1%	0%
106	人數	259	683	364	17	25	12	0
	比例	19%	50%	27%	1%	2%	1%	0%
107	人數	346	634	308	35	25	12	0
	比例	25%	47%	23%	3%	2%	1%	0%
108	人數	367	650	213	65	40	14	11
	比例	27%	48%	16%	5%	3%	1%	1%

2.辦理具海洋特色高中營隊，擴大招生管道

營隊主要包含海洋科學營及菁英領袖培訓營，海洋科學營係透過課程活動及參訪體驗，讓學生對於海洋相關產業與學術研究領域有更深層的認識，營隊內容包括參訪操船模擬機，體驗船長於海上工作；參觀水生動物實驗中心，了解臺灣養殖業發展與前景；食品工程館，認識臺灣加工食品及罐頭製作過程。另還安排就近參訪海洋科技博物館，深入探訪海洋的奧秘等，培育學生多元知能及激盪對多種議題的興趣，促進大學與高中職學生間知能傳遞及實際互動交流。

菁英領袖營則以海洋專業領域為主，旨在培育學生如何成為全方位海洋人，安排海洋人系列軟實力課程，培養學生自我反思與批判的能力，整體活動由淺至深傳達思考能力的建立與方式，讓學生從活動中學習團體組織與團隊精神。

為了瞭解方案成效導入校務研究機制進行方案檢核，瞭解學生來源。圖3.1.2顯示106至108年度參與海洋特色高中營隊之參與學校數為6至8所，總參與人數為599人，平均每年約200人參與，其中以107年度為最高。但由圖中亦可發現108年度參與人數相較前兩年較低，尤以基隆女中為差異最大，於107年之86人下降至58人，為了解原由進行分析。

本校執行之海洋特色高中營隊方案中，每年度皆進行滿意度問卷調查，因此由106與107年之問卷調查中，發現「國立基隆女子高級中學」於106年度之整體滿意度為4.837，隔年下降至4.736，推測原因為106與107年度之營隊活動內容較無明顯之變化，且參與之對象高中亦與往年相同，同屬北北基區域。

因此，本校於109年度將海洋特色高中營隊方案進行轉型，不僅提升活動內容豐富度，更將報名對象擴大至全臺灣，藉此可提升不同地域間之學生交流，並且讓學生於參與營隊時，除了提升對於

海洋領域學群之興趣外，藉由營隊小組式合作參與，更能夠了解不同地域之學生對於海洋認知與海洋意識之差異性。由於109年度為第一次嘗試擴大辦理，因此未來亦會針對學生之滿意度進行分析，滾動修正方案，讓參與學生更能提升對於本校及海洋專業領域興趣，以達招生目的。

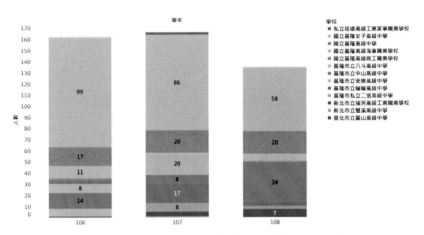

圖3.1.2　106至108參加海洋特色高中營隊各高中人數

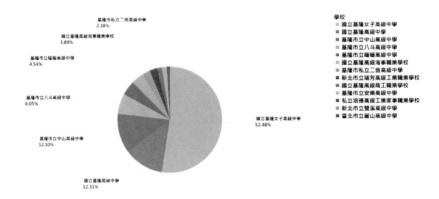

圖3.1.3　106至108參加海洋特色高中營隊各高中人數比例

由圖3.1.3顯示106至108年度參與海洋特色高中營隊之各校人數分布，其中主要以國立基隆女子高級中學為歷年最高，三年共243人參與占比52.48%，其次為國立基隆高級中學的57人（12.31%）及基隆市立中山高級中學56人（12.10%）。

由分析呈現出高中海洋特色營隊方案確實吸引到基隆地區各校的踴躍參與，但藉由校務研究分析發現，報名參加之學生中，最後確實考上本校就讀的學生僅占比5.68%，藉由鏈結高中相關方案的機會與高中端教師討論，期望進入海大就讀之學生占多數，但成績往往不如預期，以至無法錄取本校，因此總結而言本校擬規劃兩大方向進行方案精進。

其一，邀請往年參加且進入海大就讀之學生分享其參與過程以及經驗，借此作為宣傳讓目前於高中就讀之學生產生共鳴，提高學生對本校之認同以及海洋領域學習興趣；其二為擴大原方案之招募對象，目前109年度之方案已開始執行，並宣傳擴大至全臺灣之高中，除了讓更多學校了解本校之特色以及研究領域外，更能確保參與人數之提升。此外，教育部推動108課綱，對於大學甄試時提出須考量學生在學期間之課外活動參與，因此相信各校能更踴躍積極參與營隊相關活動，故擴大辦理可提高參與總人數並擴及更大地域範圍。最後，為確保招募資訊之傳播，亦於招生文宣內容、管道進行修正，除原先公文傳遞以及官網資訊公告外，亦發放電子文宣以及於其他相關招生宣傳活動中納入相關資訊。

（二）招收優質學生，培育具競爭力人才

1.建立與重點高中策略聯盟，吸引在地優秀高中生

本校希望對於重點高中之招生以質與量並行之篩選方式進行，希望除了考慮到學生來源之數量外，亦針對對象高中入學本校之學生進行入學成績（學測成績）及在學成績之交叉分析，進而探篩選

出重質與重量之學生來源高中。

　　由圖3.1.4可以看出各來源高中105年至107年之學測成績與就讀人數之散點圖，其中X軸為學測成績，並依照數據排序區分出4區間，53.51級分為各校學測成績平均之中位數；而Y軸為來源學校之就讀人數，並依照數據排序區分出4區間，5人為各校來源人數之中位數；最後納入來源高中學生就讀之學習成效（在學成績）觀點進行交叉分析，區分成績前50%（紅色點）以及後50%（綠色點）。

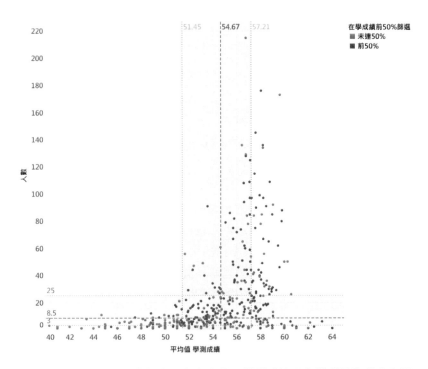

圖3.1.4　105至107年度各來源高中人數、學測成績及在學成績篩選分布圖

　　分析結果顯示，當來源高中就讀人數超過12人（前25%）且學生平均學測成績超過55級分（前25%）且學生學習成效佳（在學成

績前50%）之學校（右上角），表示該來源學校就讀本校之學生量多且素質高，應視為未來目標之重點招生高中，藉此除擴大生源外，亦可針對優秀生源進行招生，篩選出之未來重點高中清單。

2.滾動調整專業化評量尺規，因應新課綱

本校於106年引進Exalead協助校務研究辦公室進行大數據分析，建置校務研究資訊平台。因此在招生專業化部分，透過校務研究機制，運用校務研究資訊平台的資源，了解學校招生情況、學生入學管道分布情形，進一步藉由大數據分析，探究學生在學學習成效等資訊，提供學校擬定招生策略之參考依據。

其中招生專業化之委員評量尺規化訂定，預計結合「高中學習歷程資料與大學校務研究結合之應用分析」研究計畫，並進行該高中學生就讀本校之大學學習歷程資訊及該高中生之高中學習歷程資訊之參考尺規表建立，作為評量委員之參考，如表3.1.3及表3.1.4所示。

表3.1.3　高中學習歷程建立之參考尺規表

高中名稱	校務研究分析（各高中就讀本校學生之高中學習歷程）					
	該高中就讀本校之學生人數	該高中就讀本校學生之高中在校平均總成績	該高中就讀本校學生之高中在校學科平均成績 EX：數學（分析10個學科）	該高中學生入學本校後之本校平均班排百分比	該高中就讀本系之學生人數	該高中學生入學本系後之本系平均班排百分比
甲高中	26	80.41	79.76	59	9	46.4
乙高中	50	71.72	49.1	51.2	7	28.7
丙高中	24	70.74	64.64	51.5	6	44.6

備註：以上僅呈現三所高中之案例。

表3.1.4　該高中就讀海洋大學學習歷程之參考尺規表

流水號	應試號碼	考生姓名	畢業高中	學業平均成績	班排百分比	類排百分比	○○學系重視之學科平均成績 EX：數學	○○學系重視之學科類組排名百分比 EX：數學
				高中（職）在校成績				
1	101**505	A	甲高中	76.6	41	14	80.6	23
2	101**808	B	乙高中	78.44	12.8	17.6	68.75	59.73
3	102**019	C	丙高中	72.6	45	44	69.5	43

　　由表3.1.3及表3.1.4可作為委員評量時，可考量該學生於高中之學習歷程，以及該學生高中來源學校於本校就讀學生之學習成效，藉此兩大項指標進行評量。

　　自108學年度起，108新課綱正式上路，各高中之教學現場將有重大改變，增加許多校訂必修、多元選修、部定加深加廣選修課程，學生之學習成果也更加不同，故為了銜接上新課綱之變革並幫助評量尺規之推動，本校也將會舉辦各式研討、說明、座談會議及工作坊，以提升各學系之招生專業化知能，其中包含對新課綱、高中學習歷程檔案、考招變革等資訊。

二、碩士班招生策略之發展與應用

（一）保留海洋專業人才，延續適性學習

1. 修正五年一貫獎勵措施

　　本校已推動五年一貫學程制度多年，推動核心理念即是希望學校的制度面與學生面，能夠達成「學生適性學習」、「厚植海洋專業性」、「精進學習成效」的目的。透過校務研究，利用校內五年一貫學程的相關資料，如學生申請、就讀以及學習成效等量化數據，探討制度面與學生學習成效的關聯性，以作為修訂本校五年一貫學程制度之客觀檢核依據。

由圖3.2.1可以發現五年一貫生、外校生及本校生之在學成績分布，其中五年一貫生之班排名PR值為52.46分，屬三類別中最高，其次為本校生的44.85以及外校生的44.05。由圖亦可發現五年一貫生的成績表現較其他兩類別集中，表示非五年一貫學生之學習成效差異較大。為驗證其差異性，進行獨立樣本t檢定，從分析結果得知，五年一貫學生成績確實較非五年一貫學生高（p=0.000<0.05），故學習成效確實表現較佳。

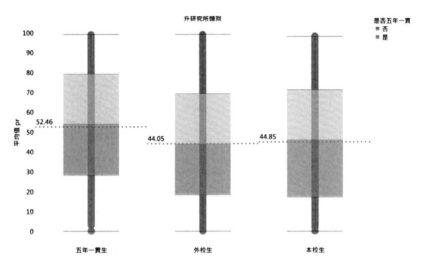

圖3.2.1　　104至107學年度五年一貫、非五年一貫本校生及外校生成績分布

　　檢視本校五年一貫的學生就讀情形如圖3.2.2所示，發現五年一貫學生人數從140人增加到348人（104至107學年度），此顯示出本校於推動五年一貫學程制度漸有成效，同時，也反映出本校生對五年一貫學程的需求日益增加。

　　因此除了提升五年一貫學生的人數外，亦須提升五年一貫學生之素質，因此本校於108學年度修訂五年一貫辦法，原法案為歷年

成績班排名前百分之二十發放獎金1萬元；修正後為歷年成績班排名前百分之十之學生另外加發獎助學金2萬元，歷年成績班排名前百分之十至二十之學生另外加發獎助學金1.5萬元，大學歷年成績班排名前百分之二十至三十之學生另外加發獎助學金1萬元。希望提高優秀成績學生入學意願，提升學習效率，更達學生適性學習之目的。

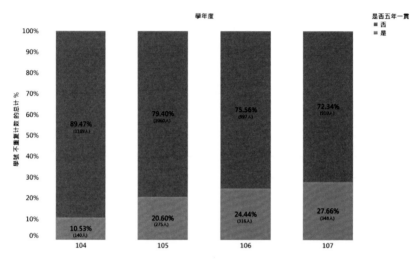

圖3.2.2　104至107學年度五年一貫、非五年一貫學生人數比例

2.提供轉所管道，適性發展

　　為鼓勵學生適性、適才以及適所，本校建立轉所申請機制，以提供學生更多元之選擇，本校於104年啟動轉所機制，為驗證其成效進行人數統計以及碩士生續讀率計算如圖3.2.3所示。由統計圖可以發現104年後申請轉所並通過之學生逐年上升，其中106年度開始博士生亦有轉所成功之學生。

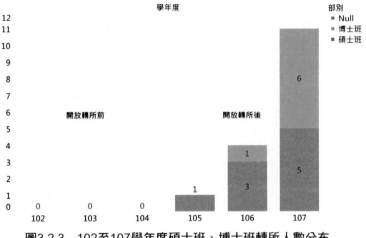

圖3.2.3 102至107學年度碩士班、博士班轉所人數分布

為了解轉所後學生是否達適性、適才及適所之目標，進行續讀博士班分析比較，由圖3.2.4可以發現一般無轉所之碩士生續讀博士班之比率約占1.21%，轉所之碩士生續讀博士班之比率則約占11.11%，約為無轉所之碩士生之9倍。表示轉所確實能夠達適性、適才以及適所之成效。

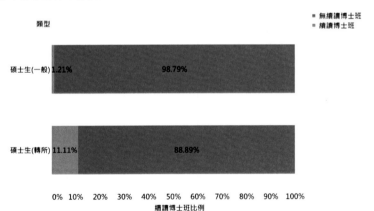

圖3.2.4 102至107學年度碩士生（一般／轉所）續讀博士班比例

（二）提升學生報考意願，確保正確生源管道

1. 推動聯合招生，多志願選填

近年度少子化的影響、碩士班就讀意願之降低，各校碩士班報名人數逐年下降，因此全臺灣碩士班報名人數下降，亦影響本校報名人數下降。

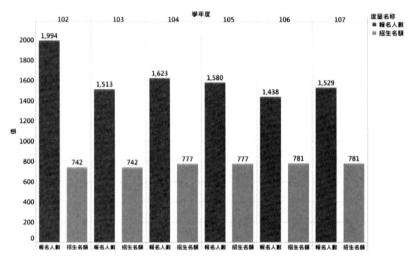

圖3.2.5　102至107學年度碩士班招生名額與報名人數圖

為提倡學生適性學習以及讓喜愛海洋特色之學子能有更多機會進入本校，本校於104年度於海洋科學與資源學院開始推動多志願選填，由圖3.2.5可發現本校於103年度開始報名人數大幅下降，但因為多志願選填啟動，碩士班報名人數於104年度起停止下降，表示多志願選填確實能提高各校報名意願，除了讓對海洋特色有興趣之學生能提高機會，此策略亦穩定了本校碩士班之生源，因此本校於108年度啟動電機資訊學院與工學院之多志願選填。

2.五年一貫獎勵措施驗證，生源管道確認

校務研究機制主要目的除了作為統計基本校務量化數據、校務相關決策之數據依據、議題分析研究以及方案成效之驗證外，亦可作為檢核各項方案執行狀況之錯誤及缺失，本校於97學年度建立教學務系統，並於105年度參與教育部補助「大學校院專業管理能力計畫」，建立校務研究資訊平台，除串接各資料庫建立完善校務研究資料倉儲外，亦建立各項數據統計以及議題分析模組於平台。

本校於平台建立前已存在校務研究機制，其中五年一貫為本校近年積極推動之研究所招生策略，成效亦佳，因此經常性針對不同面向進行五年一貫辦法等相關資料之分析。本校於103年度議題性分析結果發現五年一貫生之生源皆來自於研究所甄試以及考試管道，並未包含僑聯會申請研究所之管道學生，因此於104年度起推廣僑生及港澳生亦可申請五年一貫，由圖3.2.5可發現104年度起即

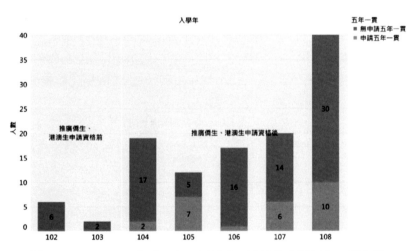

圖3.2.5　102至108年度五年一貫僑生、港澳生申請五年一貫人數

有僑生及港澳生之學生申請五年一貫，由此驗證校務研究機制之重要性。

對於機制之執行擴大，建立校務研究資訊平台為本校主要的策略之一，藉由平台統計數據及議題分析之模組化，讓教學、行政等各單位能即時進行查詢，達校務資訊流通及校務營運監督之功效。此外針對不同單位亦進行權限管理，避免資安問題發生，以及資訊公開不當而造成之延伸問題。

肆、經驗的總結

一、目前遭遇的困境

由於人口出生率逐年下降，適齡學生人數逐年遞減，造成招生缺額日趨嚴重，這是全國大學校院所面臨的問題，也是本校目前所遭遇的困境。然而開闢學生來源攸關學校永續發展，故招生不足是本校無法迴避的問題。

根據教育部的統計資料顯示（如圖4.1.1），大學部從民國101年至106學年度之入學人數皆呈逐年下降的趨勢；107學年度之入學人數呈現微幅上揚，因適逢龍年生子潮（民國89年出生之孩子，於107學年度進入大一就讀），107學年度與101學年度相比整整少了2萬6千餘人，降幅超過10個百分點以上。

有關研究所碩士班之入學人數，根據教育部的統計資料（如圖4.1.2），從101學年度之70,269人，逐年下滑至107學年度年的65,782人。

針對以上困境，在招生策略上所面臨的問題，本校分別依大學部及碩士班列舉以下兩點說明，期望能藉由相關措施進行招生策略的改進，以期突破目前困境。

學士班入學人數 101-107

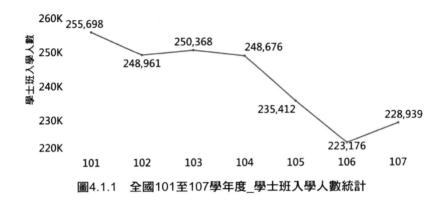

圖4.1.1　全國101至107學年度_學士班入學人數統計

碩士班入學人數 101-107

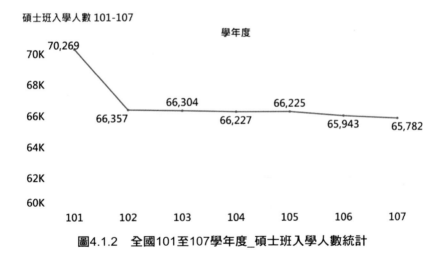

圖4.1.2　全國101至107學年度_碩士班入學人數統計

（一）大學部招生宣傳尚未充分整合校-院-系單位，且高中端尚未建立海洋學群。

　　針對以上現實困境，本校必須調整招生策略，以期開發更多的生源，目前做法主要藉由教培訓種子人員進行各式招生宣傳活動（包含大博會、高中招生宣傳、媒體專刊、網路平台）以達到良好之招生宣傳效果。

　　唯本校之招生策略及宣傳活動等，大部份由教務處招生組進行規劃執行，各院系也會自行規劃各類的招生活動，但多屬各自單打獨鬥的情形，期望本校應充分整合校－院－系各單位之招生策略並共享資源，招生事務一體化，強化校－院－系縱向連結，成為有效率的招生團隊，使各項招生策略之應用發揮最大效益。

　　其次，本校乃是專研海洋領域之學府，著重在海洋科技之研發與人才培育，海洋素養及其深奧的知識必須向下扎根，應從高中端開設海洋相關課程，引領學子探索海洋知識並找到對海洋研究的興趣，然而綜觀108學年度起採用之高中新課綱，從文史哲、資訊工程、生命科學等共十八個學群，唯獨缺少「海洋學群」，期許教育部在未來修正高中端課綱時，，增加「海洋學群」，讓海洋教育能夠提早扎根，，培育更多更優秀的海洋人才。

（二）碩士班就讀人數減少，預見大學部未來招生隱憂。

　　本校做法包括，首先因應學生就讀科別趨勢，調整招生系科。其次，學生畢業後即面臨進入職場問題，教育資源配置應調整，針對招生困難甚至掛零的系所，縮減名額甚至裁撤，將資源挹注到其它需求高、有前瞻性的領域。最後，提高優秀學生入學就讀，系所應提供相當誘因，如師資陣容、課程內涵、學習環境、獎助學金、國際接軌等條件，以期提高招生之條件。

二、值得驕傲的特色

（一）大學部：著重特殊選才，成功與區域高中建立聯盟，吸引學生就讀。

本校大學部提供不同招生管道，落實多元入學政策，吸引多方位優秀人才就讀本校，在原有招生管道外，另設有四技二專甄選入學與技優保送、特殊選才、進修學士班等管道，吸引更多適性學習的優秀學生，且制定獎勵入學方案，鼓勵成績優異學生就讀本校。因應未來少子化之衝擊，擬訂有效的招生策略，而各系所也將配合學校策略，透過多元化招生方式，並由各學系輪流或一起舉辦「特色營隊」活動及安排各高中參訪、強化與高中的聯結度，藉此讓參與學員對本校各學系有更充分之認識與了解，進而加強就讀之意願。

「特殊選才」部份，本校為能協助城鄉地區學子的適性學習，近幾年也彈性調整員額逐漸分配至「繁星推薦」、「特殊選才」等入學管道。自105學年度起，教育部核准本校辦理特殊選才招生，招收對海洋領域有興趣及有潛力的學生，，招生名額由105學年度的10名，增加至108學年度的64名。透過校務研究相關分析顯示（圖4.1.3），特殊選才之學生在學表現並不差，表現較不佳者，則將名單送至就讀系所及教務處教學中心進行專案輔導，以提升學生之學習動機。

「成功與區域高中建立聯盟」部份，本校與在地高中攜手推廣海洋特色課程，以「海洋休閒」、「海洋社會」、「海洋文化」、「海洋科學與技術」以及「海洋資源與永續」等五大主題，19個海洋議題，並與高中教師共同設計海洋意識短片，期能向下扎根完善海洋基礎教育。大學通識銜接課程由本校數名教師前往在地高中分別開設海洋探索課程，課程內容相當多元，主題包括基礎海洋類領

特殊選才就讀本校人數及在學成績

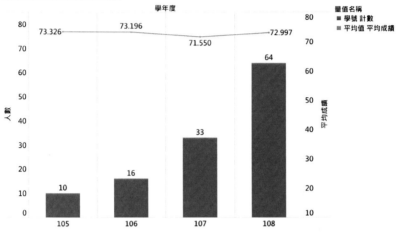

圖4.1.3　105至108學年度_本校特殊選才就學人數

域、海洋觀光類及結合基隆的海洋文化特色及人文歷史等，透過課程讓學生與大學教授互動，激發學生多元思考能力，。

　　每年辦理2個海洋特色營隊，包含寒假舉辦的「海洋科學營」和暑期的「領袖菁英培育營」，以「海洋科技」、「海洋人文」、「人格培育」等為主題，招募基隆、新北地區之21所在地高中優秀學生，透過營隊活動將學生帶進本校，並於營隊課程中傳遞海洋理念，行銷海洋、了解海洋。

　　自108新課綱正式上路，各高中之教學現場將有重大改變，會多出許多校訂必修、多元選修、部定加深加廣選修課程，學生學習成果也更加不同，為了銜接上新課綱之變革並幫助評量尺規之推動，本校將會舉辦各式研討、說明、座談會議及工作坊，以提升各學系之招生專業化知能，其中包含對新課綱、高中學習歷程檔案、考招變革等資訊。

（二）碩士班成功推動五年一貫，吸引優質學生延續學習。

碩士班則透過學、碩士五年一貫制度鼓勵優秀學生留校升學，增加碩士班甄試生比例改以開放式入學審查制度，並調整碩士班招生策略招收境外生等多面向的策略執行，持續精進，以達成永續優質經營的招生目標。本校自104年度起規劃執行「五年一貫」方案，其獎勵措施（表4.1.1_五年一貫獎勵措施）執行數年後，透過校務研究相關分析，發現「五年一貫」政策的確有所成效，人數有逐年上升的趨勢，且學習成效方面五年一貫生之成績表現較集中，且比其他入學方式之碩士生稍微好一點，因此本校於107學年度起，修正了獎勵辦法（如表4.1.1_五年一貫獎勵措施），除了基本獎勵金之外，增加了依成績班排級距提供不同等級之獎勵金，期許能吸引更多優質學生，獎勵金是為了讓學子能夠在生活不虞匱乏的條件下，延續學習並專心研究，留住更多優秀學生。

表4.1.1　五年一貫獎勵措施

104至106學年度實施	107學年度修訂至今
為鼓勵申請並續留本校碩士班就讀，自104學年度起加強「五年一貫」獎勵措施。 （一）凡取得五年一貫資格，經本校碩士班甄試、入學考試錄取並就讀者，將核發獎學金一萬元。 （二）大學歷年成績班排名前20%者加發一萬，若符合低收入戶資格者再加發獎學金一萬元。	預研生經錄取並註冊正式成為本校碩士班研究生者，於入學碩士班後第一學期核發獎助學金。 （一）每位學生核發獎助學金1萬元。 （二）大學歷年成績班排名前10%之學生另外加發獎助學金2萬元。 （三）大學歷年成績班排名前10%-20%之學生另外加發獎助學金1.5萬元。 （四）大學歷年成績班排名前百分之20%-30%之學生另外加發獎助學金1萬元。 （五）碩士班第一學年第一學期具備低收入戶身分者另外加發獎助學金1萬元。

三、未來的發展方向

（一）持續發展校務研究文化氛圍

透過校務研究分析在招生事務上進行整合與連結，以協助學校各院系所與相關行政單位共同改善與解決招生困境。

（二）運用專業化評量尺規縱貫分析

透過專業化評量尺規所得相關數據，藉由校務研究探究入學端、在學端及畢業端進行分析，並滾動式調整方案及改善策略，吸引未來潛在學生就讀。本校在強化與高中端交流所採行之方法如下：

1. 審查評量尺規

本校將持續舉辦相關會議，擬邀請高中職學校教務主任或專科教師，提供尺規的修正建議，使尺規可以符合高中語詞用法及利於理解。未來也將邀請本校學生來源學校，增加尺規交流會議次數，藉由高中端與大學端的教師對談，更能貼近108高中選修課綱以擬訂審查尺規。

2. 提升招生專業化知能

為因應108新課綱，本校將辦理各式說明會、座談會，在與高中之交流中，協助各學系對未來考招變革、高中新課綱、學習歷程檔案等新變化提升了解度，使未來尺規之調整與修改更切合高中生。

3. 至高中進行招生專業化說明

本校可以請種子教師至高中分享本校招生專業化的作法，讓高中學子更了解大學端的積極作為。

｜校務研究於朝陽招生策略之應用與探討

校務研究辦公室助理
郭佳馨

校務研究辦公室秘書
鄭煜輝

校務研究辦公室執行長
徐松析

教務處招生中心、國際暨兩岸合作處

壹、前言

　　現今全球化的競爭下，人才變動日趨激烈，知識人才資源早已成為國家競爭力之重要評斷項目。臺灣因天然資源匱乏，在與世界各國競爭時，更加仰賴優異的人才與技術資源方能突破重圍、永續發展。因此，如何完善人才培育及延攬機制，以提供社會產業人才之質與量，係提升臺灣競爭力刻不容緩的核心問題，而大學正處人才招募及培育最重要的地位，擁有關鍵性因素，直接影響國際競爭力之提升。

　　近年來，國內招生因臺灣社會晚婚、遲育及少子女化的趨勢日

益明顯，我國受到少子女化的影響，高中職新生人數自102年度起產生大幅度負成長。為了因應少子化的衝擊及邁向國際化，本校以「深耕臺灣、邁向國際、永續發展」為辦學願景，在人才招募及培育方面，除了國內招生外，更放眼國際人才養成，創造多元且豐富的生源、促進學生具備「國際移動能力」（International Mobility或Global Mobility），以迎合國際社會未來人才之需求。

　　本校追求立足國際一流大學之際，除了觀察校內年度縱向數據，也比較外部橫向資料，並依據財務永續性原則，希冀建立科學化分析數據庫，做為本校重點發展及各項工作內容之參考依據。同時，藉此達成檢核績效、發現問題、確立需要改善項目，亦修正本校國際化發展策略之方向，並優化原有資源配置、工作效能及計畫可持續性，推動本校永續發展目標及重點工作。最終，進而形成本校追求國際化之推動模式，並以充分獲得財務支持，確保永續辦學。

貳、大學招生概況分析

一、國內招生數量分析

　　依據教育部統計處「大專校院大學1年級學生人數預測分析報告（108～123學年度）」資料得知，105年我國高等教育學生占總人口比率為5.5%，根據聯合國科教文組織（UNESCO）統計，我國僅次於澳洲之8.3%、南韓6.3%、紐西蘭6.1%及美國6.0%，優於芬蘭之5.4%及荷蘭4.9%，顯示我國高等教育之日益普及，受到少子女化衝擊之遞移影響，相對應之學齡人口數呈銳減趨勢，又近5年大專校院（含日間及進修部大學四年制、二專）招生缺額平均有4.0萬人，如何因應未來大專校院生源減少問題，為各界所關注。

　　教育部統計處自100年起以高級中等學校之畢業生推估數，配合其就學機會率以推估未來12年內大學1年級學生數，做為教育決

策及資源分配時參用；另為便於各界比較參考，自103年起將推估年數再延長為未來16年，與高級中等及國民教育階段推估年數一致；自107學年起，為提升推估精準度，併入高級中等學校修業生計算其就學機會率。

依教育部「高級中等教育學生人數預測分析」推估之各學年畢業及修業生向後推計，108及109學年大學1年級學生因蛇年效應而呈減少態勢，109學年為21萬7,448人，較107學年減少3萬277人約12.2%；推估自111學年起，大學1年級學生人數將跌破20萬人，又以117學年因出生當年逢虎年，出生人口數大減影響最甚，致大學1年級學生人數降為16萬164人，後於119學年反映建國百年及龍年婚育潮而反轉回升至19萬3,537人。

推估至123學年為止的未來16年間，大學1年級學生人數平均年減3千733人，平均減幅為1.7%，除118、119及122學年呈增加趨勢外，其餘各年均處於縮減局面，又以109及117學年之減幅較大，分別較前一學年減少2.4萬及1.4萬人。

目前推估未來16年（108至123學年）內大專校院不同等級之學生數（如圖1所示），以掌握未來生源演變趨勢，俾利即早就生源減少對高等教育所衍生之效應預作評估與因應規劃。由已出生人口可知，大專1年級學生於105學年度開始銳減，106學年度再減少1.5萬人至24萬人，107學年度適逢龍年新生增加約8仟人，111學年度則開始降至20萬人以下，117學年度將不足16萬人。因此，本校藉由教育部之分析，即早提出因應之道，由分析可知民國117年就讀大學新生人數將僅剩15萬6千餘人（以中推估計算），其中高教新生約7萬5千人，技職新生約8萬1千人，扣除國立技職大學部招生規模約2萬多人，將只剩不足6萬人由私立技職校院招生，顯示私校技職未來招生將相當嚴峻，若由前半段之私立科技大學瓜分，則大約僅能支持30~40所私立技職校院可達7成以上註冊率，其餘學校將可能面臨大幅減招或停招之命運。

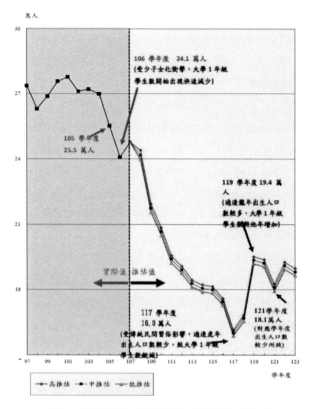

萬人

106 學年度 24.1 萬人
(受少子女化衝擊，大學1年級
學生數開始出現快速減少)

105 學年度
25.5 萬人

119 學年度 19.4 萬
人
(適逢龍年出生人口
數較多，大學1年級
學生數較他年增加)

實際值 推估值

117 學年度
16.0 萬人
(受得就民間習俗影響，適逢虎年
出生人口數較少，致大學1年級
學生數銳減)

121學年度
18.1萬人
(對應學年度
出生人口數
較少所致)

學年度

→高推估 →中推估 →低推估

圖1　全國大學一年級學生人數推估趨勢圖
（來源：教育部統計處108~123學年度專校院大學1年級學生人數預測分析報告）

二、本校105-107學年度新生註冊狀況分析

　　本校近三年新生註冊狀況分析如圖2所示。在105學年度時，全國大學一年級新生入學人數從104學年度的27萬人次大幅減少至25.5萬人次；而在106學年度時，全國大學一年級新生入學人數從105學年度的25.5萬人次持續大幅減少至24.1萬人次。此兩學年度是近幾年受少子化衝擊最嚴重的兩年，學生數出現快速減少的情形。由

圖2得知，近三年本校日間部、進修部及在職專班在不同學制下之註冊率，於106學年度註冊率明顯下降許多，但隔年107學年度皆為上升趨勢。不同學制比較下發現學士班之註冊率為最高，除107學年度日間部外，博士班之註冊率比學士班高，整體來說，學士班之註冊率還維持在93%以上，但碩士班之註冊率偏低，顯見未來碩士班招生之困境。

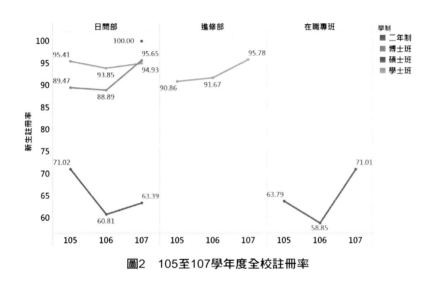

圖2　105至107學年度全校註冊率

三、校務研究在學校招生策略之發展與應用

面對少子化與全球化的挑戰，在學校招生策略之發展與應用上，本校於校務研究上提出以下幾項重點面向進行分析與探討，包括2.3.1 從量質分析著眼，確保生源量足質優；2.3.2 拓展國際化教育，放眼國際；2.3.3 長期地方性深耕，鞏固區域性生源；2.3.4 各陸校雙向交流，增加陸生生源機會；2.3.5 維持與穩定僑生、港澳僑生生源，以維持本校生源數量與品質之穩定。

（一）從量質分析著眼，確保生源量足質優

　　依據教育部統計處之預測分析報告得知，105年我國高等教育學生占總人口比率5%，顯示我國高等教育之普及化，但仍受到少子女化衝擊之影響，學齡人口數呈銳減趨勢，為因應未來大專校院生源減少及學生素質下降等問題，我們針對學生數量及品質進行分析，從分析結果了解問題與提供策略。

1.國內招生數量分析

　　本校日間部大學部未來在少子化衝擊下及教育部降低外加名額之政策下，仍有可能逐步下滑，而本校在外籍生及陸生、港澳生及僑生的增加下，使日間部大學部之學生人數逐年增加。

　　進修部大學部86至107學年度學生人數以90學年度之4,813人為最高，主要為當時二技生源充足，且本校辦理獨立招生，唯91學年度起參加進修部中區聯招，且二技生源日漸不足之影響下，有逐漸下滑的趨勢，從104學年度的3,337人下降至107學年度的3,014人。

　　日間部碩、博士班人數以98學年度最高，共1,223人，在學生報考意願降低及少子化衝擊下，整體人數隨之下降。本校在103學年提供碩、博士班入學獎學金，稍稍減緩碩、博士班下降之趨勢，讓學生人數維持在800人以上，惟106、107學年度則跌破800人，顯見本校日間部碩、博士班招生之困境。

　　碩士在職專班以96學年度659人最高，97學年度起則呈現逐年下滑趨勢，另本校105及106學年度碩士在職專班新生已連續2年註冊率跌破7成，顯見本校碩士在職專班可能逐年萎縮。

2.各系平均註冊率分析

　　教育部自103學年度起公開註冊率，其註冊率計算以核定名額新生人數統計，不含外加名額及申請入學新生，且每年以10/15不

含保留學籍及退學之新生人數統計；依往例分析，將近3年之公開
註冊率平均計算。

經統計分析（如圖3），近3年平均註冊率最高前三系分別為
建築系99.17%、視傳系97.94%及資管系96.12%，為較熱門系，報到
註冊率較高；最低三系分別應化系86.86%、環管系91.25%及休閒系
91.8%，顯示理工學院較不受學生喜愛，平均註冊率相對偏低。

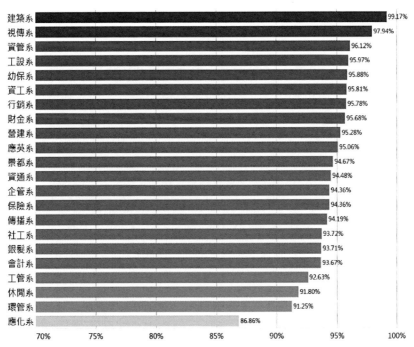

圖3　本校105至107學年度四年制日間部各系核定名額平均註冊率

3. 各入學管道招生質量分析

根據四年制申請入學聯合會107招生成效報告資料顯示，103-
104學年度學測總級分比率最高總級分區間為50~41級分，105-107學
年度則下降為40-31級分（如表1）。

表1 全國103-107學年度考生學測總級分人數與比率

學年度	103		104		105		106		107	
總級分區間	人數	比率(%)	人數	比率(%)	人數	比率(%)	人數	比率(%)	人數	比率(%)
75	1	0.01	1	0.01	1	0.01	0	0	1	0.01
71~74	236	0.6	137	0.4	78	0.2	75	0.3	117	0.4
61~70	5,965	15.5	4,811	12.4	3,547	10.9	2,885	9.8	3,677	12.0
51~60	7,939	20.6	7,272	18.7	5,872	18.0	5,249	17.8	5,770	18.9
41~50	10,209	26.5	10,465	26.9	7,320	22.5	6,371	21.6	6,693	21.9
31~40	8,863	23.0	10,073	25.9	9,465	29.1	8,652	29.4	8,543	27.9
0~30	5,361	13.9	6,191	15.9	6,292	19.3	6,244	21.2	5,773	18.9
合計	38,574	100	38,950	100	32,575	100	29,476	100	30,574	100

本校103-104學年度報到考生學測總級分比率最高總級分區間為50~41級分，105-107學年度則下降為40-31級分，與全國總級分比率趨勢相同，呈現下降趨勢，107學年度主要生源素質總級分落於40-31級分（如表2）。

表2 本校103-107學年度報到考生學測總級分人數與比率

學年度	103		104		105		106		107	
總級分區間	人數	比率(%)	人數	比率(%)	人數	比率(%)	人數	比率(%)	人數	比率(%)
75	0	0	0	0	0	0	0	0	0	0
71~74	0	0	0	0	0	0	0	0	0	0
61~70	2	1.2	0	0	0	0	0	0	0	0
51~60	23	13.86	10	5.92	1	0.51	0	0	3	1.55
41~50	125	75.3	112	66.27	71	33.86	37	24.34	38	19.69
31~40	16	9.64	47	27.81	123	62.12	108	71.05	144	74.61
0~30	0	0	0	0	3	1.52	7	4.61	8	4.15
合計	166	100	169	100	198	100	152	100	193	100

4.各系落點及生源來源區域分析

本校近三年高中生申請入學各系報到學生，依統計圖資料顯示（如圖4），居住地以中彰投地區為最多，依次為桃竹苗、雲嘉

南、高高屏、北北基，宜花東及離島地區學生量為最低，故學生就近就學顯然成為未來主要趨勢。

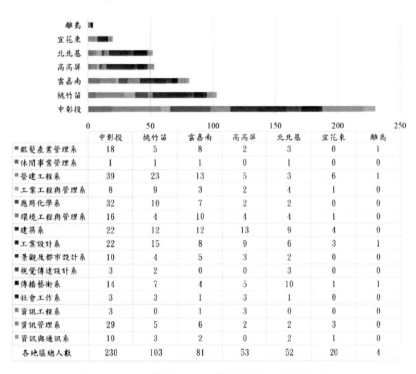

	中彰投	桃竹苗	雲嘉南	高高屏	北北基	宜花東	離島
■銀髮產業管理系	18	5	8	2	3	0	1
■休閒事業管理系	1	1	1	0	1	0	0
■營建工程系	39	23	13	5	3	6	1
■工業工程與管理系	8	9	3	2	4	1	0
■應用化學系	32	10	7	2	2	0	0
■環境工程與管理系	16	4	10	4	4	1	0
■建築系	22	12	12	13	9	4	0
■工業設計系	22	15	8	9	6	3	1
■景觀及都市設計系	10	4	5	3	2	0	0
■視覺傳達設計系	3	2	0	0	3	0	0
■傳播藝術系	14	7	4	5	10	1	1
■社會工作系	3	3	1	3	1	0	0
■資訊工程系	3	0	1	3	0	0	0
■資訊管理系	29	5	6	2	2	3	0
■資訊與通訊系	10	3	2	0	2	1	0
各地區總人數	230	103	81	53	52	20	4

圖4　105-107學年度高中整體生源來源區域分析

　　高中生申請入學因少子化趨勢，及生源與普通大學相同，招生名額逐年減少，103-107學年度高中生申請入學人數趨勢圖如圖5，107學年度報名人數較106學年度微幅上升3.74%，報到人數增加8.53%，推估原因為近年來教育部大力推動技職教育政策，使得普通科高中生對於技職領域較了解而接受度提高所致。

　　本校107學年度高中生申請入學第二階段較106學年度報名人

數增加22.60%，報到人數增加21.24%，推估本校107學年度報到人數大幅增加原因除與普通科高中生對技職教育接受度提高外，主因為107學年度以招生名額分散至與普通大學系組較具競爭力之系（組）招生之招生策略湊效所致。

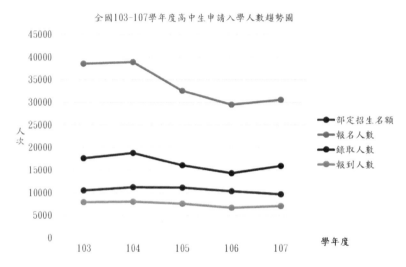

全國103-107學年度高中生申請入學人數趨勢圖

圖例：
- 部定招生名額
- 報名人數
- 錄取人數
- 報到人數

圖5　103-107學年度高中生申請入學人數趨勢圖

5.四技甄選入學整體生源及趨勢落點分析

根據四年制甄選聯合會107招生成效報告資料顯示（如表3），統測報名人數由103年度14萬餘人數下降至107學年度僅11萬餘人數，甄選入學第一階段實際報名人數由103學年度8萬餘人下降至107學年度僅6萬餘人數，甄選入學招生名額由5萬9千餘名調整至4萬7千餘名，整體趨勢顯示高職學生於甄選入學總生源逐年下降，且逐年減少比例大於技專校院招生名額。

表3 全國103-107學年度招生名額與報名人數暨報到人數

學年度	103	104	105	106	107
統測報名人數	142,573	136,340	123,296	113,469	116,138
委員學校數	144	143	142	139	138
招生名額（A）	59,781	57,505	54,509	50,048	47,475
第一階段報名人次（3志願）	236,504	232,403	208,665	177,547	181,420
第一階段報名人數	83,673	81,729	74,119	64,158	65,670
第一階段篩選通過人次	140,981	138,867	127,214	113,450	112,018
第一階段篩選通過人數	73,085	71,601	65,460	57,576	58,114
第二階段報名人次	101,587	100,968	94,513	88,019	79,453
第二階段報名人數	62,250	61,861	57,314	51,342	49,863
正取生人次	49,803	48,910	45,607	41,321	39,744
備取生人次	37,912	39,691	36,312	30,821	28,655
正（備）生人數	57,692	58,092	53,640	47,369	46,546
登記就讀志願序人數	52,622	52,852	49,001	43,863	43,350
錄取人數（B）	44,495	44,039	40,580	36,780	35,797
報到人數（C）	41,786	41,420	38,233	34,860	33,753
報到率（%）（C/B）	93.93	94.06	94.22	94.78	94.29
招生率（%）（C/A）	69.91	72.03	70.14	69.65	71.10
註：數據均含外加名額，每人至多3個志願。					

　　本校102學年度開始甄選入學招生名額（如表4）由原定佔各系組總量40%調整為60%，根據教育部精進甄選入學實務選才擴大招生名額比例計畫，自106學年度起，甄選入學招生名額則調整為原佔總量60%且小數點以下無條件捨去，由各校自行決定調配至各系科（組）、學程，因此本校招生名額由106學年度微幅增加，而107學年度統測報名人數微幅增加，報到率亦上升。其中，107學年度本校除了保險系、會計系、銀管系、環管系及幼保系等5系因第一階段通過篩選倍率不足3倍率，其餘系組仍於第一階段保有通過篩選之生源。此外，從會計系（英語類）之錄取缺額可發現，系科組對應招生群類之重要性，仍需於甄選各類群招生中保有如履薄冰之心。

表4　本校103-107學年度招生名額與報名人數暨報到人數

學年度	招生名額 (A)	一階通過 人數	二階報名 人數	錄取人數 (B)	報到人數 (C)	報到率 (C/B)
103	1,391	4,472	3,658	1,383	1,312	94.87%
104	1,373	4,323	3,634	1,367	1,298	94.95%
105	1,397	4,377	3,652	1,389	1,320	95.03%
106	1,404	4,309	3,687	1,397	1,316	94.20%
107	1,404	4,429	3,448	1,403	1,333	95.01%

（二）拓展國際化教育，放眼國際

　　為拓展國際化教育與國際合作，並提昇辦學水平，本校以健全服務輔導機制，招收國際學生，擴展學生視野，建構多元國際校園文化，因此，海外學生佔本校學生比例也是在國際化程度中重要的指標。

　　以下將分別從本校招收海外學生之類別、海外學生之國別、海外學生就讀科系別進行分析，如圖6所示：

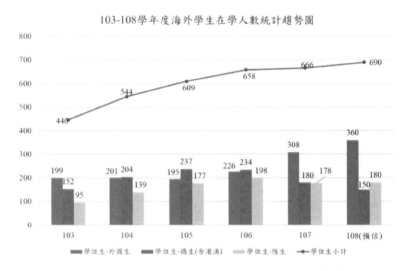

圖6　103-108學年度各類海外學位新生入學統計趨勢圖

1.學生身分類別分析：

由統計分析可知，近5學年來本校海外學位生之總量穩定上升。其中，僑生（含港澳）學位生因為港澳地區少子化趨勢及大陸地區強力招生等雙重因素下，在105學年度以後逐年下降。而107學年度因有產學合作專班學生人數之招募，外國學生人數將有明顯成長，可以彌補僑生之下降趨勢。

2.海外學生來源國別分析

本校107學年度海外學位學生就讀情形，如圖7所示。其中，學位生主要來自中國大陸、香港／澳門、馬來西亞及越南4個國家（地區）；以上四個國家（地區）以外之海外學位生僅佔5%強，惟本學年度外籍生來源國從原本的12國家（地區）增加到18個國家（地區），確實朝向更多元發展。

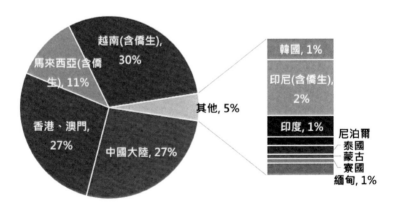

圖7　107學年度海外學位學生在學人數國家／地區分佈比例圖

3. 海外學生就讀系別分析

圖8、表5為本校107學年度第一學期學院系各海外學生就讀人數情形，說明如下：

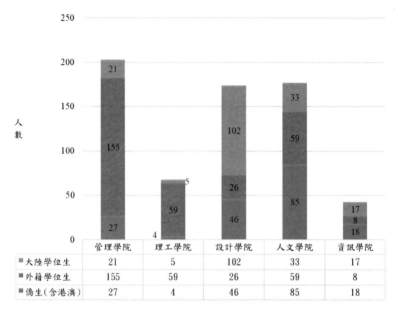

圖8　107學年度第一學期各院各類海外學生就讀人數情況

以學院分布統計，理工及資訊學院之海外生招生程度較弱，皆不足100名，就各類學生組成比例來看，管理學院及理工學院較多外國生，設計學院較吸引大陸地區學生就讀，人文學院較為平均，所屬系所受各類學生喜愛，資訊學院海外生則相對少數。為了增強資訊學院海外生，108學年度資訊學院下的資管系成立了蒙古專班。

表5　107學年度第一學期海外學生數前5多之系所情況

單位：人

次序	類別	大陸學位生	外籍學位生	僑生（含港澳）	海外生總數
1		視傳 34	休閒 62	傳播 45	傳播 103
2		建築 30	行銷 53	視傳 28	視傳 62
3		傳播 23	傳播 35	社工 17	休閒 62
4		工設 21	企管 34	幼保 14	行銷 53
5		景都 17	應化 34	建築 13	建築 43

　　若由系所別觀察，本校海外生總數前5多之系所為：傳播藝術系103名、視覺傳達設計系62名、休閒事業管理系62名、行銷與流通管理系73名及建築系43名，有相當程度可視為本校以目前招生市場之重點潛力系所；其中，傳播藝術系於各類海外生就讀人數中皆佔前三位，其受各類海外學生廣泛喜愛，而視覺傳達設計系及建築系等設計群系所吸引華人子弟（大陸及港澳僑生）就讀，休閒事業管理系及行銷與流通管理系則受惠於新南向政策影響，新南向國家學生人數挹注，使該系總海外生人數大幅上升。

　　由目前在學之海外生科系專業分析可知，目前本校對海外生最具吸引力之科系屬藝術設計類之學科，其次為管理類科系。而對數理能力要求較高之理工與資訊科系，則相對較不具招生競爭力。

（三）長期地方性深耕，鞏固區域性生源

　　鞏固區域性生源以提升招生品質也是學校需探討的問題，本校主要的招生管道以高中申請入學、四技甄選入學與聯合分發進行招生，而不同管道之生源來源區域分析都是招生品質的重要依據，以下將分為不同管道之生源來源區域分析來研討。

1.高中申請入學

本校近三年高中生申請入學整體報到學生，依統計圖資料顯示（如圖4），居住地以中彰投地區為最多，依次為桃竹苗、雲嘉南、高高屏、北北基，宜花東及離島地區學生量為最低，同樣顯示出學生就近就學為未來主要趨勢。

2.四技甄選入學

本校105-107學年度甄選入學區域分析圖顯示（如圖9），全校近三年甄選入學報到學生總生源主要分布區域為中彰投最多，其次為桃竹苗、北北基、雲嘉南、高高屏、宜花東及離島地區學生量為最低（其中北北基與雲嘉南人數差異不大），學生就近就學仍成為主要趨勢。

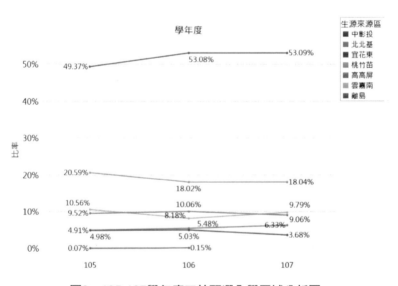

圖9　105-107學年度四技甄選入學區域分析圖

3. 聯合分發入學

本校近三年聯合登記分發入學各系錄取人數，依統計圖資料顯示（如圖10），居住地以中彰投地區為最多，依次為桃竹苗、北北基、雲嘉南、高高屏，宜花東學生量為最低，故學生就近就學顯然成為未來主要趨勢。

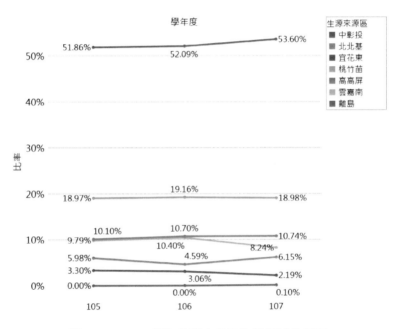

圖10　105-107學年度聯合分發入學區域分析圖

（四）陸校雙向交流，增加陸生生源機會

大陸學位生之招生深受兩岸政治氣氛所影響。雖然如此，統計本校104-108學年度招收大陸地區各學制學位學生情況，如圖11所示。

由圖中可以發現，由於106學年度起臺灣招收本科生（大學部

四年制學生）總體錄取名額減半，連帶影響本校錄取名額。然除本科生減少外，108學年度本校專升本（二年制學士班）及碩博士班錄取人數皆有顯著成長，可見大陸地區經濟教育程度提高後，對學歷提升有其潛在市場需求。

因受限於陸聯會之名額分配，長久以來本校對於大陸碩博士生之招生受到嚴格限制。未來除了必須精進各項招生策略外，更應設法透過國際合作辦學方式，突破限制，持續廣招大陸研究生。一來增加海外生之名額，二來增加本校之研發能量。

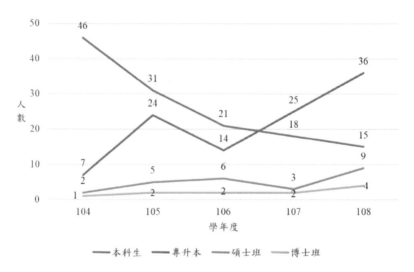

圖11 104-108學年度招收大陸地區學位學生情況

（五）維持與穩定僑生、港澳僑生生源

統計本校106-108學年度招收港澳學位生之情況，如圖12本類學生各類招生管道之錄取人數自106學年度的72位，持續衰退至40位，減少44%。僑生及港澳生學位生因為港澳地區少子化趨勢及大

陸地區強力招生等雙重因素下，自105學年度以後逐年下降，107學年度之下降幅度更加明顯。

除了港澳地區少子化問題外，長久以來國內僑生身份學生之獎學金及學費待遇比照本地生，相對於大陸地區祭出高額獎學金強力招生之競爭壓力，預估未來五年內僑生（含港澳）學位生不樂觀。

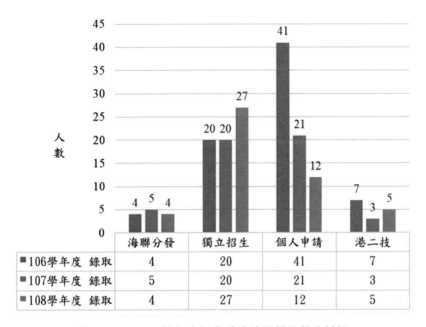

人數	海聯分發	獨立招生	個人申請	港二技
■106學年度 錄取	4	20	41	7
■107學年度 錄取	5	20	21	3
■108學年度 錄取	4	27	12	5

圖12　106-108學年度招收香港澳門學位學生情況

（註：本校僑生（含港澳）學位生主要來自香港澳門，佔84%，且其他地區僑生招生應列歸外國學位生，故本表不計非港澳地區之僑生）

參、經驗總結

一、目前遭遇的困境

　　海外學生佔學校學生比例，乃維持大學生源與國際化程度之重要指標，因此，本校一向將招收海外學生列為招生工作之重點項目。此部份針對國際化生源議題進行探討，檢視本校招生績效推展成果，各項重要問題課題及未來因應策略扼要彙整如下。

（一）確保外國生量足質優

　　本校全英學程少，使國際招生能量受限，因此，持續鼓勵院系增開大學部及博碩士學制之全英授課學程，目前已完成各院系全英授課盤點，未來將比對外國學生人數，結合相近系所，開設共通專業之全英授課學程。

　　國際情勢轉變，大陸經濟教育程度上升，所屬高校提供優渥獎學金吸引海外學前往大陸就讀，此外，了解程度及誘因皆較低，使姊妹校申請人數銳減。可配合政府新南向政策推動國際產學合作專班，或比對外國學生人數，自行推動國際合作專班或特色學程。

　　為持續開發、拓展具招生潛能區域，如印尼、印度、蒙古、泰國及日韓等。根據教育部統計處公示資料（如表6），最多為國家人民來臺就讀者馬來西亞、依序為中國大陸、越南、港澳，與本校招收情況大致相同，而本校於印尼及蒙古招生及交流已初見成效，然尚有日本、印度、南韓、泰國、緬甸、菲律賓、尼泊爾等來臺攻讀學位人數非在少數，可進行深度訪查後擬定當地招生策略與工作。

表6　107學年度各國家（地區）來臺就讀學位人數前15強

洲別	國家／地區	來臺求學人數	全球名次
亞洲	馬來西亞	13091	1
亞洲	大陸地區	9006	2
亞洲	越南	7854	3
亞洲	香港	7695	4
亞洲	印尼	7347	5
亞洲	澳門	4684	6
亞洲	日本	1583	7
亞洲	印度	1202	8
亞洲	蒙古	1155	9
亞洲	泰國	955	10
亞洲	南韓	944	11
亞洲	緬甸	780	12
美洲	美國	619	13
亞洲	菲律賓	495	14
非洲	史瓦帝尼王國	320	15

（二）確保僑（含港澳）生量足質優

　　港澳少子化，如圖13，港澳生來臺人數漸減，本校人數卻驟減。另台陸高校崛起，常年有大學教育展，各方大學投入宣傳，加

香港／澳門出生人口成長圖

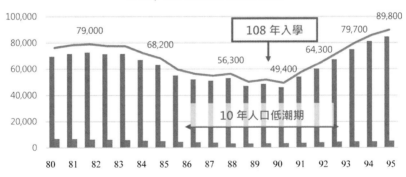

圖13　香港／澳門出生人口成長圖

劇競爭。也因本校僑生獎助學金原不具優勢，現方修改獎學金制度，宣傳效應仍未顯現，影響學生選填因素。重點系所如傳播藝術系及視覺傳達設計系等藝術設計類系所與國立大學重疊，侵蝕原有生源。整體來說，本校提供就讀誘因相對薄弱。

因此，本校積極宣傳新修正之獎學金制度，並提升本校宣傳能見度，促進學生申請本校就讀。

（三）確保大陸學位生量足質優

為解決兩岸政治氛圍影響，大陸本科生核准人數逐年遞減之問題，持續善用姊妹校教師讀博及畢業校友宣傳，形成姊妹校口碑。

此外，強化系所升學輔導機制，定期召開校內招生會議，鼓勵校內陸生申請碩士班。

（四）增開全英授課學程

由於外國生皆要求全英授課學程，因此持續鼓勵院系增開大學部及博碩士學制之全英授課學程，107學年度已開設部分博碩士全英授課學程，未來擬比對外國學生人數，結合相近專業外國學生數後開設全英授課學程。

二、未來的發展方向

本文分析朝陽科技大學歷年國內外招生執行現況，並進行訪談調查，檢視校內情況及可能發展，以校務研究擬定改善策略，歸納對外可增強招生成效與促成優質交流模式，除探詢並運用有效招生策略積極招收國內外學生，對內則希望促進校園國際化及強化外生與本地生融合，藉以打造深具品質而有特色之朝陽品牌。因此，為協助學校追求一流大學，規劃未來重要國內外招生推動工作與目標彙整如下：

（一）持續調整學校招生策略，拓展各類學生生源。

因受少子化衝擊影響，就學人口持續下降，但國立科技校院員額並沒有減少，所以從畢業學校生源統計來分析本校的生源已須重新調整，學校面對愈來愈競爭的教育環境，必須重新思考學校招生的方向與重點，並因應社會脈動與時代潮流調整學校招生的策略，為迎接少子化之後續挑戰，仍將謹慎持續定期檢討成效，精進改善，持續保有朝陽優勢，以鞏固生源。

（二）增開全英授課特色學程，吸引國際學生就讀。

全英授課特色學程為吸引外國學生就讀之重要因素，現階段已有4個博碩士學制之全英授課學程，未來將比對外國學生人數，結合相近系所，開設共通專業之全英授課學程。另配合政府新南向政策推動國際產學合作專班，或比對外國學生人數，自行推動國際合作專班或特色學程，未來擬達到更多的全英授課特色學程，並增聘外籍師資，以招收更多國際學生至本校就讀，朝設立國際學院方向邁進。

（三）增強外生輔導機制，提升招生宣傳口碑。

本校海外生比例為7%，未來擬提升海外生比例，重要方針除針對各地區國家特性精進招生策略，並拓展其他招生國家地區生源外，另將優化接待家庭、學伴及國際化特色課程與活動，並結合校內各單位活動，融入國際化元素，促進外生及本地生校園共融，以形成口碑行銷，助力招生措施。

（四）均衡國內外招生資源及系所，合理達成招生分年目標。

本校可藉由教育部的全國技職大一新生就學人數分析，以增開

全英授課特色學程、加強境外學生輔導機制，提早規劃因應少子化衝擊，適度分配招生資源及均衡系所員額調整，訂定達成本校分年招生目標，來確保招生的量足質優。

　　高教體系面臨最艱難的時刻，同時也是至關重要的里程；不但要迎接新挑戰，也要創造新的機會。本校以團結和諧所奠定的教學、研究與行政基礎，藉由全校教職員的同心協力，匯集革新理念，未來將持續推動本校永續發展目標及重點工作。同時，運用校務研究深入探討高教經營管理、專業學習效益、產學合作、國際化及創新發展等卓越追求，日新月異，再造願景。

參考資料：

1. 朝陽科技大學校務發展問責報告－2019確保招生量足質優。
2. 朝陽科技大學校務發展問責報告－2019確保學校辦學聲望。

實踐大學招生策略
──適性揚才　邁向國際

實踐大學校務研究辦公室主任

魏上淩

壹、前言

　　本校創辦人謝東閔先生為實現「修齊治平」的固有傳統，於民國47年3月創立「實踐家政專科學校」，是中華民國第一所家政學校。在86年，奉准更名為「實踐大學」。隨著時空推移，配合社會趨勢、國家發展與世界脈動，本校辦學目標除維持「正家」之基本精神與「研究並推廣生活科學知能，增進生活福祉與生命意義」之總體目標外，現階段本校正朝向融合「品格陶冶、人文關懷、文化創意、產業需求與國際視野」等五大核心價值的實用教學型大學。

　　在教育部推動下，本校於104年8月設置校務研究辦公室。依學校組織規程設為一級單位，由副校長擔任總督導。因校區特性，校本部設置辦公室主任一人，而副主任一職由高雄校區副教務長擔任，以利兩校區之溝通協調與整合。依校務研究內涵分為資料建置工作圈、資料分析與研究工作圈、校務規劃與發展工作圈，分別由專長相符教師兼任。

　　嗣後，105年8月在教務處下設立入學服務中心二級行政單位，以提升高中職學生對大學入學制度與入學管道之瞭解，增加對各學

群及科系之認識，並協助各高中職輔導學生進入理想大學為主要。就功能而言，入學服務中心著重於招生宣傳與業務，並協助未來新鮮人對於大學的瞭解為主。而校務研究辦公室自成立以來，除了對學生學習成效的相關議題研究外，也針對招生議題進行分析，將相關數據提供入學服務中心與學系招生決策之參考。

招生不應僅以核定名額之生源滿足為目標，而是以挑選認同學校辦學理念、興趣專長與學系發展目標相符的學生為主要目標。了解學生的需求與生涯規劃，因材施教，配合學校多元教學措施，讓學生肯定自我成長，為社會厚植人才。再者，因應全球化時代浪潮，招收國際學生除了增加生源外，營造國際化學習環境，讓臺灣學生得以沁濡其中，提昇學生競爭力。因此本校招生策略，以適性揚才、邁向國際為主要行動綱領。

近年來，本校除獲教育部教學卓越、教學創新及新南向等計畫之補助，致力於教學品質與校務經營之精進外，更積極推動與國外大學校院及海外企業進行交流與實習，強化學生國際移動力，並營造國際化之友善校園，期能達成本校成為「亞太地區優質的實用教學型大學」之發展願景。在明確的定位與發展願景下，在國內高教市場中，已形塑出本校的兩大辦學特色（1）創意設計、生活科學；（2）務實致用、學用合一。本校辦學理念、教育使命、目標與定位結構（如圖1），適性揚才、邁向國際的招生策略即是根據辦學特色和學校使命願景等相呼應。

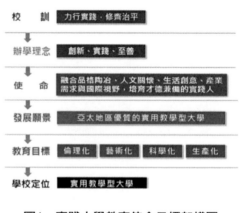

圖1　實踐大學教育使命目標架構圖

貳、招生現況分析

108學年度本校正式學籍學生數有13,555人，分別有日間學士班10,867人、進修學士班2,136人、日間碩士班410人，碩士在職專班117人，以及博士班25人。依教育部大專校院校務資訊公開平臺資料顯示，本校學生數規模在70所之一般大學類別中，排名第17位。106學年度全校學生數14,579人，107學年減少幅度4.19%，108學年減少幅度為2.95%，逐年下滑。從下表1可以觀察，少子化的浪潮已在學士班的學生人數下降反應出來，而碩士班與博士班，雖學生人數穩定，但碩士在職專班生源則有逐年減少的趨勢。

表1　本校106-108學年度學生人數統計

	學士班	進修學士班	碩士班	碩士在職專班	博士班	合計
106學年度	11,783	2,256	351	165	24	14,579
107學年度	11,258	2,161	380	144	25	13,968
108學年度	10,867	2,136	410	117	25	13,555

在國內生源減少下，境外學位生是維持學生來源的主要管道，其主要可區分為外國學生、僑生、港澳生與大陸學生等四類。本校106至108學年度，外國學生人數逐年成長，僑生、港澳生及大陸學生人數卻逐年下滑。僑生來源主要來自東南亞國家，現面臨中國大陸高校的招生競爭，如放寬的入學條件與優渥的獎助學金，吸引不少僑生前往大陸求學，而臺灣高教經營環境惡化下，私校難以提供足夠的獎助學金吸引僑生來臺。大陸學生來源，則主要受限於兩岸關係的發展，近三年來臺學生數也呈現銳減的趨勢。香港與臺灣相同，也面臨少子女化、生源減少的問題；而澳門已設有10所高等院校，足以吸納當地學生，因此港澳生來源每年減少幅度均超過14%。

表2　本校106-108學年度境外學位生人數統計

身分別 學年度	外國學生		僑生		港澳生		大陸學生		合計	
	人數	%	人數	%	人數	%	人數	%	人數	%
106學年度	132	16.5	117	14.6	344	43.1	206	25.8	799	100
107學年度	144	19.3	111	14.9	295	39.6	195	26.2	745	100
108學年度	172	24.3	105	14.8	252	35.6	179	25.3	708	100

備註：以108學年度為例，外國學生中有81.4%主要來自日本、印尼、馬來西亞、越南、
　　　德國與南韓等國家。

　　臺灣的高教環境面臨嚴峻挑戰，內部有大學數量過多與生源大減；外部有全球化競爭壓力，優秀人才選擇國外大學或赴大陸就讀。因此招生壓力幾乎是國內各大專院校所面臨的共同問題，儘管公立與私立大學所面臨的招生問題不同，但也突顯未來招生策略的重要性。

參、校務研究在招生策略之發展與應用

　　在美國的高等教育機構裡最能發揮校務研究實質效益的業務，即屬入學管理（enrollment management）。入學管理就本質來說，可以定義為：檢查、調查、管理學生從大學入學、在學到畢業這一連串過程的校務研究活動與企劃機能（小林雅之與山田禮子，2018）。因此入學管理主要包含兩種業務：1.學生招募－有多少學生可作為招生對象？有多少學生會進入本校就讀？2.學生動向－入學的學生有多少人會留到最後順利畢業？

　　本校校務研究以「教育渠道（educational pipeline）」概念為主軸，以「學生學習成效評估暨提升之機制」為重點，從招生策略、入學安置、就學輔導，到順利畢業及其流向追蹤，有系統地檢視、管理與分析招生、入學安置與輔導、在學表現、畢業成效，以及就業追蹤回饋等攸關學生學習成效之重要議題數據，進而檢視並修正本校學生就學穩定情形與訓輔機制的措施。

圖2　實踐大學教育渠道

　　以下僅針對1.大一新生人數推估、2.準大一生修讀夏季橋接課程、3.107學年度新生特質輪廓分析、4.不同管道入學之學習表現分析與5.國際化成效分析等五份與招生策略相關之分析報告進行扼要說明,提供國內各校經驗分享與交流,也歡迎校務研究伙伴不吝指教。

一、大一新生人數推估之研究

　　國內一般大學大一新生入學管道主要為繁星推薦、個人申請、四技甄選入學、考試分發等四種。除了四技甄選入學外,繁星推薦與個人申請缺額人數,均回流至考試分發名額。在少子女化的衝擊下,考試分發排序在後段的校院學系,將首當其衝無法招收足額學生。

　　本校自104學年度起,每年運用考試分發資料,進行大一新生人數驗證當年度招生成效,以及推估下一年度新生人數可能減少幅度。觀察教育部105年度報告之大一新生推估數,105學年度全國大一新生實際數值與報告之中推估值相近。因此本校大一新生人數推估之研究報告將以教育部107至122年度之大一新生推估人數中推估值為參考數據。

　　我國高等教育系統分為一般體系與技職體系兩種,兩者面臨之少子女化衝擊也稍有不同。105學年度與106學年度全國大一新生

人數實際值比預估值，在一般體系均為增加，而在技職體系則為減少。然而107學年度卻與以往不同，一般體系實際值比預估值減少5,122人，技職體系反而增加3,300人。因此，未來在招生策略執行與分析時，應注意學生選擇高中職就讀之趨勢變化。

表3 大一新生人數105至107學年度推估值與實際值比較

		105學年	106學年	107學年
中推估值	一般體系	118,276	111,633	121,611
	技職體系	137,008	129,314	127,936
	合計	255,284	240,947	249,547
實際值	一般體系	121,266	115,980	116,489
	技職體系	134,114	124,830	131,236
	合計	255,380	240,810	247,725
差異數	一般體系	2,990	4,347	-5,122
	技職體系	-2,894	-4,484	3,300
	合計	96	-137	-1,822

資料來源：教育部統計處105年至108年，大專校院大學一年級學生人數預測分析報告

　　然而教育部之大一新生推估數值中，境外學位生係以推估當年度之實際數字估列，未納入加強招生等政策性因素（如廣招外國學生），或近期兩岸關係惡化所面臨大陸當局政策干預之影響。再者，101至106學年度高中畢業生選擇出國念大學的人數逐年增長（如表4），106學年度高中（普通科）畢業生赴國外或大陸就讀人數年成長率高達34.73%，且其統計數值為調查報告，實際仍有低估之可能。尤其中國大陸在2018年採取惠臺政策，學測在前50%即可申請大陸大學，勢必影響臺灣高中職學生前往大陸就讀意願。因此106學年度高中畢業生出國或前往大陸就讀人數呈現大幅成長。

表4 高中生出國／大陸念大學人數統計

學年度	101	102	103	104	105	106
人數	1,067	1,288	1,443	1,489	1,595	2,149
年成長率	--	20.71	12.03	3.19	7.12	34.73

資料來源：教育部統計處101至106年，公私立高中職應屆畢業生升學就業概況調查報告

前面提及過一般體系大學的主要入學管道種類，其中，又以繁星推薦、個人申請、考試分發為大學主要生源來源。由於繁星推薦與個人申請之缺額，會回流到考試分發之名額，因此這二項入學管道的選才重點除了擇優之外，也應將高就讀意願之學生納入考量，避免缺額回流到考試分發管道時，因少子女化衝擊，加深缺額惡化。

表5　103至108年度主要入學管道錄取人數統計

年度	繁星分發*	個人申請*	回流名額	考試分發	合計
103	10,940	43,560	9,844	52,608	107,108
104	12,721	45,796	12,679	48,537	107,054
105	14,322	45,425	15,182	43,659	103,406
106	14,646	43,923	17,382	41,022	99,591
107	15,026	45,577	14,797	40,301	100,904
108	14,688	50,299	10,001	34,633	99,620

註：1.*繁星分發與個人申請兩項錄取人數不含外加名額。
　　2. 資料來源：大學甄選入學委員會和大學入學考試中心統計資料

考試分發為前述主要入學管道之最後階段，在生源減少的情況下，考試分發之員額錄取人數不足，將是第一個受到少子女化衝擊之入學管道。以本校臺北校區為例，104至108學年考試分發管道所錄取最後一名學生，在此一管道所有考生的累計人數落點PR值與前一年度相較之升降情形，如下表6所示。各學系的累計錄取人數PR值均逐年往下趨勢，且因高教環境競爭，國立教育大學轉型紛紛設立商管學院，本校管理學院在累計錄取人數PR值下降幅度相對其他學院更大。假設繁星推薦與個人申請兩者的錄取人數維持一樣時，基於教育部提供的大一新生人數中推估值，109年將減少11,475名生源的情況下，考試分發目前在PR值落點在72%以後者，將面臨學生缺額的問題。

表6　104-108年度考試分發累計錄取人數PR值－以本校臺北校區為例

學系名稱	104學年與前一年度相較升降	105學年與前一年度相較升降	106學年與前一年度相較升降	107學年與前一年度相較升降	108學年與前一年度相較升降
家庭研究與兒童發展學系	↓	↑	↓	↑	↑
餐飲管理學系	↑	↓	↓	↓	↓
食品營養與保健生技學系	↓	↑	↓	↓	↓
社會工作學系	↓	↓	↓	↓	↑
服裝設計學系	↑	↓	↓	↑	↑
工業產品設計學系	↓	↑	↓	↓	↓
建築設計學系	↓	↓	↓	↓	↑
媒體傳達設計學系－數位3D動畫組	↓	↑	↓	↑	↓
媒體傳達設計學系－創意媒體組	↓	↑	↓	↑	↓
會計學系	↓	↓	↓	↑	↓
國際經營與貿易學系	↑	↓	↓	↑	↓
企業管理學系	↑	↓	↓	↓	↓
財務金融學系	↑	↓	↓	↑	↓
風險管理與保險學系	↑	↓	↓	↓	↑
應用外語學系	↓	↓	↓	↑	↓
資訊科技與管理學系	↓	↑	↓	↑	↑
管理學院國際企業英語學士學程	↓	↑	↓	↑	↓
全國考試入學錄取人數	48,537	43,659	41,022	40,301	34,633

　　校務研究辦公室針對本校大一新生入學人數的推估，從104學年度開始分析。係根據當年度考試分發的最後錄取者之成績與該系組缺額人數，下一年度生額來源減少人數推估可能招收的大一新生人數。106至108學年度以全校人數所推估減少之新生數額，與當年度大一新生實際註冊人數相比較，發現推估值均高於實際註冊人數，如下表7所示。

　　從表7實際註冊人數減少數額加大，顯示高教環境學生來源惡化加劇。校務研究辦公室每年10月份將此一數據在校級會議中報告，讓各學系針對錄取學生的PR值變化加以分析，瞭解競爭校系的相關數據，作為調整生源數額之依據，並且對各入學管道之考科採計與權重進行檢討。而本校對於整體生源的管控，以及是否提出寄

存名額，均可透過此一分析報告，獲得相對應的數據參考。

表7　本校推估大一新生人數誤差值

學年度	核定名額	前一年度推估 減少新生人數	推估大一 新生人數	實際大一 註冊人數*	誤差人數
104	3,030	--	--	2,835	--
105	3,030	-248	2,782	2,803	低估 21人
106	3,010	-459	2,571	2,497	高估 74人
107	2,750	0	2,571	2,535	高估 36人
108	2,737	-17	2,720	2,503	高估 217人

備註：*不含外加人數，以核定名額之實際註冊人數計算。

二、準大一生修讀夏季橋接課程

因大學甄選入學制度，以致提早錄取大學之高三學生於高三下學期學習動機低落，也導致任課老師的班級經營困難。有鑑於此，為善盡大學之社會責任，擴展高中合作網絡，本校積極與國內多所高中學校簽訂策略聯盟之合作關係，協助高三學生修讀銜接大學相關預備課程。本校於103學年度起開設夏日學院先修課程，使高三學生能提前修習大學課程，有助入學後課程之銜接。修習課程通過者，錄取本校之準大一新生入學後可抵免相關課程。

103年7月本校第一次推出夏日學院課程「商用數學（一）」，計有61所高中83位已甄選錄取本校之準大一新生選修，其中包括18所簽訂合作關係之策略高中。第一年實施後學生反應熱烈，繼於104年開設四門夏日學院課程，課程名稱與選修人數包括：商用數學（一）47人、國際文化英語訓練64人、初級日語（一）41人、與微電影創作18人，合計170人次修課。同時，課程亦開放給非本校錄取的8位策略高中準大一新生修讀。

校務研究辦公室針對準大一新生的新學習措施，於105年10月進行檢討學生學習成效。研究以103學年入學新生有參加夏日學院先修課程者為分析對象，分析其修讀夏季橋接課程，對於日後的學

習是否較為有利。根據修讀夏季橋接課程的準大一生在其後一、二年級四個學期成績在班級的排名分布，如表8所示。「群A」代表分數位於班級分數最低25%，「群B」代表分數位於班級分數25%至50%之間，「群C」代表分數位於班級分數50%至75%，「群D」代表分數位於班級分數最高25%。由資料可以得知，於暑假選修夏季橋接課程的準大一生，於大一上、下學期成績列於班級前25%的比例分別為22.8%與28.9%，班上排名前50%的比例更高達59.2%（36.4%加22.8%）與63.4%（34.5%加28.9%）。到了大二，這些學生的學習成效更為提升，名列班級前25%的比例由25.6%上升至29.5%，顯示其在學習表現的正向影響持續到第二年。

表8　103學年參加夏季橋接課程準大一生在其後四學期成績班級排名分布

年級／學期	群A （~25%）	群B （25%~50%）	群C （50%~75%）	群D （75%~）
大一	28.1%	10.7%	35.5%	25.6%
上學期	28.5%	12.3%	36.4%	22.8%
下學期	27.6%	8.9%	34.5%	28.9%
大二	24.5%	9.8%	36.2%	29.5%
上學期	23.7%	8.3%	35.7%	32.3%
下學期	25.4%	11.2%	36.7%	26.6%
平均	26.3%	10.3%	35.8%	27.5%

本研究僅關注有無選修夏季橋接課程的學生學習成效差異，因此將已選修夏季橋接課程的學生設為虛擬變項（設定為1，其它為0），並設定為固定效果模型（Fixed Effect Model）進行迴歸分析。如公式（1）；除了分析曾選修夏季橋接課程對日後修習課程的成效，亦考慮選修夏季橋接課程的成績高低對日後修習課程成績的影響，如公式（2），相關的實證結果如表9所示，兩者之係數皆為正向顯著，顯示曾選修夏季橋接課程對日後研修其它課程有正向影響，且於夏季橋接課程修課成績愈高，對其它課程的學習亦有正相關。

$$Grades_{i,j,t} = Dummy_{i,j,t} + \varepsilon_{i,j,t} \tag{1}$$

$$Grades_{i,j,t} = Dummy_{i,j,t} \times Summer\_Grades_{i,j,t} + \varepsilon_{i,j,t} \tag{2}$$

$Grades_{i,j,t}$：代表班級i，學生j，學期t該科目的分數

$Dummy_{i,j,t}$：班級i，學生j，學期t有修夏季橋接課程科目設為1，否則為0

$Summer\_Grades_{i,j,t}$：代表班級i，學生j，學期t選修夏季橋接課程的分數

表9　參與夏季橋接課程與其它科目學習成效之關係

參數	估計值	標準誤差	t值	Pr > |t|
$Dummy_{i,j,t}$	74.70	1.55	48.19	<.0001
$Summer\_Grades_{i,j,t}$	0.93	0.02	48.34	<.0001

　　以上表9分析結果顯示103學年修讀夏季橋接課程的準大一生，於日後其它課程亦表現較佳，顯示暑期之先修課程對於高中生進入大學端的學習具有正面影響。

　　夏季橋接課程是以當年六月即已經確定獲得入學許可的準大學生為招生對象，修讀夏季橋接課程學生以入學管道為個人申請和繁星推薦的學生為主。此二類學生在入學後通常有較佳學習表現的發現，然而本研究在控制入學管道的變因後，有無參加夏季橋接課程的學生，在大一和大二這四個學期的院核心必修課程呈現出差異。而在後續分析104學年修讀夏季橋接課程的準大一生，在入學後第一個學期的差異達顯著水準，研究結果和Cabrera, Miner and Milem（2013）等發現一致。根據學術促進營（academic boot camp）觀點，夏季橋接課程提供讀寫算技能的練習，可透過充實上大學所需的基本能力，以降低學習落差的風險。參加夏季橋接課程學生不論是日後學期成績的班級排名，或是對其他科目學習表現的影響，和

班級同儕相較下，都顯示有正向的效益。

　　夏季橋接課程對於學生入學後的「持續在學率」亦有正面的影響，此研究結果與Cabrera, Miner and Milem（2013）結論相符，以學術韌性觀點認為當學生能容易地接近資源，也將會產生促進堅持度發展的有利情境。夏季橋接課程對準大一生學術整合和學術韌性的發展，除了學習技能的獲得外，更有助於及早認識大學校園內行政資源、輔導系統以及形成同儕夥伴的支持網絡。此學術和社會、社交的支持系統更有助於新鮮人面臨文化衝擊的成功學習。

　　此一研究分析係檢討新的學習措施對準大一新鮮人日後學習表現與就學穩定率之影響，透過校務研究，獲致正面的效果，以作為持續辦理與精進課程之基礎。詳細報告內容，可參閱王慧敏、魏上凌與陳虹伶（2018）一文。

三、107學年度新生特質輪廓分析

　　瞭解新生基本特質用以掌握學生的需求及規劃，將有助於降低學生流失率，並提高學習滿意度。本校校務研究辦公室自成立後，每年針對大一新生特質輪廓（profiles），以學院和學系為單位，進行全校性分析。其分析結果提供校內各層級決策單位，可針對各院系特色微調整擬定之招生策略。例如調查結果發現，無論在哪一學制的新生就讀動機，「父母（家人）期望」及「師長建議」皆占有一定程度之比重；而「校友表現」，也是新生選擇就學的動機之一。

　　以本校107學年度大一新生特質輪廓分析為例，107學年度日間學士班大一新生填答問卷者共有2,469人，填答率為92.0%。各學院填答人數分別為民生學院373人（97.1%）、管理學院726人（95.4%）、文化與創意學院589人（85.9%）、商學與資訊學院483

人（90.8%）、設計學院298人（92.8）。以下針對本校各學院學生特質，限於篇幅，僅摘錄部分內容敘述說明。

（一）父母親教育程度

大一新生父母親教育程度依序為「高中（職）」、「大學」及「專科」，合計占全校比率78.1%與83.6%，數據與本校106學年度調查結果相似。

表10　大一新生父母親教育程度統計表

教育程度	民生學院 父親	民生學院 母親	設計學院 父親	設計學院 母親	管理學院 父親	管理學院 母親	文創學院 父親	文創學院 母親	商資學院 父親	商資學院 母親	總計 父親	總計 母親
高中（職）	33.5	38.9	24.5	25.8	34.3	41.0	41.4	44.5	42.0	46.0	36.2	40.7
大學	20.6	20.9	29.5	31.5	24.4	20.8	16.3	16.3	19.5	19.0	21.5	20.7
專科	22.5	23.3	21.5	22.1	19.4	23.8	20.2	21.9	19.9	19.0	20.4	22.2
國中	11.5	7.5	4.0	4.7	9.1	6.7	11.9	8.5	9.3	9.9	9.6	7.7
碩士	7.2	3.8	14.8	12.4	8.5	5.4	7.6	5.1	7.7	4.3	8.7	5.7
國小（含以下）	1.6	2.9	0.7	4.7	1.7	1.2	2.0	3.7	1.4	1.7	1.6	2.2
博士	1.9	1.3	3.7	1.7	1.4	0.1	0.5	0	0.2	0	1.3	0.4
其他	1.1	1.3	1.3	0.3	1.2	0.8	0	0	0	0	0.7	0.5

備註：1.單位：百分比。2.統計基準：學院。

（二）父母親職業類別統計

父母親職業類別，在全校新生比率最高者為「服務及銷售工作人員」，其次為「民意代表、主管及經理人員」及「專業人員」。另母親為「全職家庭主婦」者占填答學生數22.8%，父母親皆無職業者至少占填答學生人數7.5%，這7.5%學生可能需為生活費而半工半讀或申請弱勢補助學金，未來宜多關注經濟弱勢學生的工讀需求。

表11　大一新生父母親職業類別統計表

職業類別	民生學院		設計學院		管理學院		文創學院		商資學院		總計	
	父親	母親	父親	母親	父親	母親	父親	母親	父親	母親	父親	母親
軍人	1.3	0	0.3	0	0.7	0.1	1.0	0.2	1.4	0.2	1.0	0.1
民意代表、主管及經理人員	10.2	4.6	12.8	6.4	17.8	7.4	10.9	6.5	13.7	4.6	13.6	6.1
專業人員	10.7	10.5	17.8	16.8	11.8	9.4	12.4	11.2	11.8	11.0	12.5	11.2
技術員及助理專業人員	6.4	5.4	8.4	5.0	7.3	7.3	10.7	5.3	11.6	8.3	9.0	6.4
事務支援人員	0.3	7.2	0.3	4.7	1.8	7.0	2.7	4.6	2.3	6.4	1.7	6.1
服務及銷售工作人員	22.3	26.3	21.8	23.2	21.5	26.7	25.3	31.1	21.5	29.2	22.6	27.7
農、林、漁、牧業生產人員	2.7	0.8	1.7	1.3	2.1	0.6	4.2	2.4	7.0	2.7	3.6	1.5
技藝有關工作人員	6.4	1.3	2.3	1.0	3.2	0.8	3.9	3.1	4.1	1.9	3.9	1.7
機械設備操作及組裝人員	10.2	0.5	7.0	1.7	7.0	1.7	7.5	2.7	6.2	2.1	7.5	1.8
基層技術工及勞力工	7.5	4.0	2.7	1.0	4.4	2.2	13.1	8.3	11.0	8.5	8.0	5.0
無	6.4	24.4	6.4	18.5	6.7	20.7	8.3	24.8	9.3	25.3	7.5	22.8
其他	15.5	15.0	18.5	20.5	15.7	16.1	0	0	0	0	9.2	9.5

備註：1.單位：百分比。2.統計基準：學院。

（三）生活費用來源

　　生活費用來源全校排名依序為「父母供應」、「自己賺錢」、「獎助學金或貸款」與「其他」，「自己賺錢」與「獎助學金或貸款」者占全校11.4%，與前一學年度調查結果相仿，學生有可能為賺取生活費而投入較多的打工時間，導師宜多關切。

表12　大一新生之生活費用來源統計表

生活費用來源	民生學院	設計學院	管理學院	文創學院	商資學院	全校
父母供應	83.4	89.6	80.9	89.0	90.5	86.1
自己賺錢	12.3	6.0	14.5	7.1	5.2	9.6
獎助學金或貸款	2.4	2.3	1.2	1.7	2.1	1.8
親友支援	0.5	0.7	0.8	0.8	0.6	0.7
其他	1.3	1.3	2.6	1.4	1.7	1.8

備註：1.單位：百分比。2.比較基準：學院。3.單選項目。

（四）就讀本校動機

「就讀本校動機」為複選項目，選填排序結果為「個人興趣」（73%）、「考試分發」（32.4%）及「就業趨勢」（27.6%），與前一學年度排序（「個人興趣」、「就業趨勢」、「本校／學系聲望」）略有差異，「考試分發」的選項由去年排序的第6名上升至第2名，如表13所示。

表13　大一新生就讀本校動機統計表

就讀動機	民生學院	設計學院	管理學院	文創學院	商資學院	全校
個人興趣	81.8	96.0	59.6	80.1	63.4	73.0
考試分發	29.2	9.7	36.4	30.4	45.5	32.4
就業趨勢	25.5	12.4	36.6	18.2	36.4	27.6
本校／學系聲望	10.5	40.9	6.9	21.1	8.3	15.2
父母／家人期望	18.2	5.4	19.7	11.9	12.4	14.5
交通位置便利	23.3	6.4	28.8	1.5	2.9	13.7
師長建議	11.8	9.4	12.5	12.7	9.7	11.5
師資陣容	8.6	16.1	4.3	13.6	6.6	9.0
本校校園環境	6.7	6.0	13.1	5.3	8.9	8.6
同學／好友／影響	3.5	4.7	5.2	8.5	7.0	6.0
校友表現	4.0	16.4	1.1	7.5	2.9	5.3
本校到高中的招生宣傳	1.6	0.3	1.2	8.3	6.8	4.0
本校其他宣傳管道	1.1	2.7	2.1	4.4	5.2	3.2
其他	0.5	1.0	1.1	3.2	4.3	2.1

備註：1.單位：百分比。2.比較基準：學院。

以學院別統計，「個人興趣」是各學院學生最主要的就讀動機。除了「個人興趣」外，各學院學生的就讀動機與排序略有不同。設計學院學生的「本校／學系聲望」與「校友表現」，分別佔第2名與第3名，選擇「本校／學系聲望」由前一學年度的25.1%上升至40.9%；選擇「校友表現」由8.6%上升至16.4%。管理學院學生的就讀動機，第2與第3名分別是「就業趨勢」與「考試分發」。文創學院學生的就讀動機，「考試分發」及「本校／學系聲望」分別

佔第2名與第3名。商資學院、民生學院排序與全校相同。商資學院選擇「考試分發」的學生由前一學年度的26.5%上升至45.5%。設計學院獲全球知名排名網站Ranker評比為「全球最佳30所設計學院」之一，畢業學生亦深獲業界肯定，顯示設計學院學生除了個人興趣高度相符之外，學系聲望與校友表現也明顯影響學生就讀動機。因此對於其他學院或學系，如何建立學系聲望以提昇學生就讀動機應是執行招生策略時努力的方向。

（五）大學生涯規劃

　　「大學四年生涯規劃」亦是複選題，新生填答結果排序為「考取專業證照」、「參加國外大學交換生計畫」及「參加海（境）外實習」，與前一學年度填答結果相同。以各學院別統計，除民生與管理學院與全校排序相同外，各學院新生對於入學後的生涯規劃略有差異，如表14所示。其中，設計學院選擇「參加國外大學生交換生計畫」的學生由106學年度54.9%增加至74.5%。商資學院選擇「參加國內企業實習」，排序由前一學年度的第4名上升至第2名，而「參加社團」選項則由第6名上升至第3名。

表14　大一新生大學生涯規劃統計表

大學生涯規劃	民生學院	設計學院	管理學院	文創學院	商資學院	總計
考取專業證照	76.1	42.6	71.5	82.9	84.7	74.0
參加國外大學交換生計畫	32.7	74.5	48.2	60.1	47.2	51.7
參加海（境）外實習	29.8	62.8	38.8	66.9	55.1	50.2
參加國內企業實習	21.2	33.9	33.7	50.8	60.2	41.1
參加社團	27.1	17.4	26.0	52.0	59.8	38.0
工讀（半工半讀）	28.7	13.4	24.0	46.9	42.7	32.5
修讀輔系	11.8	9.7	12.7	22.9	27.5	17.5
參加國內外志工服務	17.7	10.1	7.7	24.8	22.4	16.5
談戀愛	5.4	7.4	6.2	19.2	21.5	12.3
取得雙主修	7.8	2.7	8.4	14.1	13.9	10.0
其他	2.1	2.0	0.6	5.3	5.2	3.0

備註：1.單位：百分比。2.比較基準：學院。

（六）畢業後規劃

107學年度大一新生的畢業後生涯規劃，全校排名依序為「直接就業」、「出國留學」與「升學」，填答結果與106學年度相似。但以學院別統計，除文創學院與全校排序相同外，各學院新生對於畢業後的生涯規劃略有差異。民生學院學生之畢業後規劃除「直接就業」與「升學」外，「報考公職」由前一學年度的19.2%增加至39.9%，為第三高的選項；「出國留學」則由59.6%減少至36.2%。設計學院學生之畢業後規劃則以「出國留學」為第一選擇，由106學年度62.4%增加至81.5%；選擇「報考公職」從前一學年20.4%大幅下降至2.3%。

表15 大一新生畢業後規劃統計表

畢業後規劃	民生學院	設計學院	管理學院	文創學院	商資學院	總計
直接就業	69.4	70.5	77.7	75.0	77.0	74.8
出國留學	36.2	81.5	44.9	48.9	34.8	47.0
繼續升學報考研究所	47.2	50.3	46.3	36.0	47.2	44.6
報考公職	39.9	2.3	31.1	15.1	29.4	24.8
其他	3.2	2.7	2.2	11.7	8.9	6.0

備註：1.單位：百分比。2.比較基準：學院。

（七）新生UCAN職業興趣探索

本校每學年辦理新生訓練時同時進行UCAN團測，107學年度團測人數計有2,461位日間部大一新生，分別為民生學院358人、設計學院276人、管理學院706人、文化與創意學院616人、商學與資訊學院505人。

以原始分數換算全國施測學生之PR值計算，並將各學院之平均統計繪製成16項職業興趣探索雷達圖，繪圖結果依各學院顯示如圖3至圖7。施測結果顯示，民生學院學生職業興趣，主要在「醫療

保健」、「個人及社會服務」及「教育與訓練」較明顯；設計學院學生職業興趣，主要呈現在「藝文與影音傳播」、「建築營造」及「製造」方面；管理學院和商學與資訊學院學生職業興趣相似，主要顯示在「金融財務」、「企業經營管理」及「物流運輸」項目；文化與創意學院學生職業興趣，則呈現於「藝文與影音傳播」、「休閒與觀光旅遊」及「司法、法律與公共安全」。

　　本校將105、106與107三個學年度的新生施測結果進行比對後發現，民生、管理與商資學院三個學年度新生職業興趣分佈相仿；而設計學院105及106學年度新生主要職業興趣在「藝文與影音傳播」、「建築營造」、「行銷與銷售」，107學年度入學新生的主要職業興趣除了「藝文與影音傳播」、「建築營造」外，亦對「製造」的感到興趣。文創學院106學年度新生主要職業興趣在「藝文與影音傳播」、「休閒與觀光旅遊」與「醫療保健」，107學年度入學新生的主要職業興趣除了「藝文與影音傳播」、「休閒與觀光旅遊」外，亦對「司法、法律與公共安全」的感到興趣，此結果與105學年度施測結果相仿。

民生學院

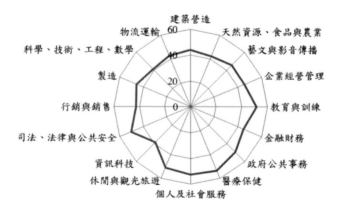

圖3　民生學院大一新生職業興趣探索結果（全國PR值）

設計學院

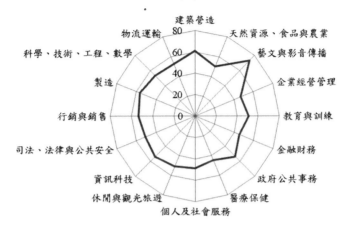

圖4　設計學院大一新生職業興趣探索結果（全國PR值）

管理學院

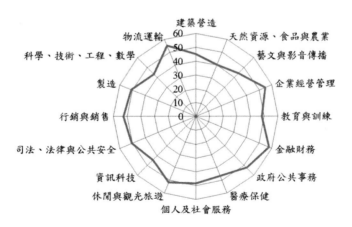

圖5　管理學院大一新生職業興趣探索結果（全國PR值）

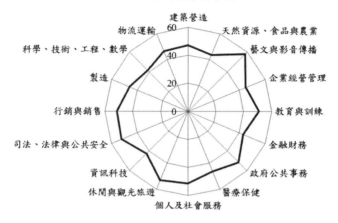

圖6 文創學院大一新生職業興趣探索結果（全國PR值）

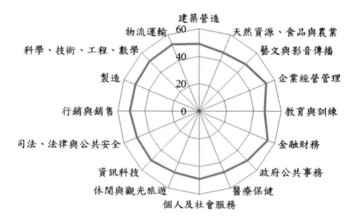

圖7 商資學院大一新生職業興趣探索結果（全國PR值）

透過上述分析，可看出各學院107學年度大一新生的職業興趣。未來可再結合職場共同職能與專業職能診斷分析，來評估教學成效及學用合一程度。大一學生在經過一個學期的學習之後，即能開始進行職場共同職能與大三時進行專業職能的施測，以瞭解自己目前所具有的職場共通職能與專業職能程度，及早作好就業力的學習規劃；各院系也能依據學生需求，開設相關學習課程或活動。

四、不同管道入學之學習表現分析

大學生的學習面向非常廣泛多元，可區分為知識類（knowledge outcomes）、技能類（skills outcomes）、態度與價值觀類（attitudes and values outcomes），以及行為表現（behavioral outcomes）等四大類（Ewell, 1987）。前三項學習表現成果，大致上會反應在學生學習成績與操行成績上。而學生在校期間的重要行為表現，包括：是否唸完主修科系、選修課程以及修業多久才畢業。課外活動表現，也會在上述學習面向中有所影響。因大學入學管道日趨多元，本校104學年度之校務研究報告，針對不同入學管道之學生，在學業成績、操行成績、休退學與延修狀況進行分析。報告中校本部（臺北校區）與高雄校區先分別進行整體性分析後，再針對各學系狀況提供相關統計數據，以利各學系掌握學生學習表現狀況。

104學年度校本部大一至大四學生，學生學習表現之學業分數與操行分數相關係數為0.619，為顯著正相關，即是學業成績越佳者，其操行分數的表現也越好。另外，分析報告也進行雙因子變異數分析，從系所與入學管道，對學業成績與操行成績進行ANOVA分析。結果顯示，系所與入學管道對於學業成績與操行成績之平均數呈現顯著差異（達5%顯著水準），亦即不同系所和不同入學管道對於學習表現有所不同。各入學管道中，以個人申請入學和考試分發為兩大主要生源，再針對兩者進行平均數差異檢定，顯示申請

入學者的學業成績平均75.63，顯著高於考試分發74.88。因避免頁數過於冗長，部分統計檢定結果未列示。

不同入學管道學生表現，各系所亦有所差異。因此，分析報告也提供了學系基本的統計分析，助於學系掌握學生學習表現，對於學習落後之學生提供必要的輔導措施。因資料篇幅，僅以本校某學系日間部大一到大四學生為例進行說明，如下表16所示。

表16　本校某學系不同入學管道學習表現

入學管道	學業分數		操行分數		學生數
	平均數	標準差	平均數	標準差	
考試分發	74.32	11.94	79.34	5.11	184
申請入學	76.07	11.63	79.96	4.35	138
繁星推薦	81.54	9.53	81.54	3.66	43
四技甄選	79.64	9.36	80.08	6.23	30
轉學生	74.69	14.28	78.58	5.99	25
僑生	62.08	20.98	76.61	7.2	19
外籍生	63.18	13.75	80.6	4.57	5
運動績優生	53.52	26.1	78.44	9.17	4
陸生	79.48	3.32	80.75	1.39	3
身心障礙生	92.5	--	83	--	1
體保生	71.44	--	85.25	--	1
總計	75.16	12.92	79.67	5.08	453

大學階段的學習，在人生歷程中影響未來就業發展非常重要的階段。學校的功能，提供優質的學習環境與規劃完善的學習歷程設計。老師的職責，透過各種學習方法，提供學生專業知識與技能外，也培養學生生活教育與品格素養。在面臨高等教育環境激烈競爭下，如何吸引優秀學生入學，透過我校四年的學習歷程，培養學生優質的職場競爭力，是當下所有決策主管與全體教職員工所當積極面對的問題。

針對不同入學管道學生入學後的學習表現，北高校區各學系的狀況不同。學系應該針對問題提出改善策略，對於學習成效不佳的

學生，因材施教，提供必要的協助與輔導作法。教務單位負責專業知識與技能之學習制度設計與資源提供，學系確實執行教導策略；學務單位負責生活輔導與課外活動學習活動設計與提供，兩者相輔相成。

　　針對此一研究報告分析，校務研究辦公室提出幾項建議：（1）外籍生與僑生的課業學習因語言障礙導致學業成績較低，應提供必要的課業輔導措施。如印尼籍僑生，教學助理是否以印尼籍僑生中學業優異者擔任，或尋求外校資源。另外，僑生與外籍生的生活輔導措施，應提供更多關注。（2）運動績優與體保生的課業學習表現也明顯較低，建議應針對此一入學管道之學生，提供特別的輔導資源投入與實際改善作法。（3）各學系對於不同入學管道學生的學習表現，應充分了解學生特質，在成績評量的公平原則下，如何針對不同素質的學生，提供必要的輔導作為。教師可改變傳統的標準框架思維，從不同特質的學生，其學習歷程成長的幅度加以評量，而非僅以最終考試成績完全評斷學習成效。（4）轉學生目前多數來自於他校休退學之學生，學業表現也相對不佳。導師應注意轉學生與班級同學融合狀況，各授課老師應注意其學習狀況與態度。

五、國際化成效分析報告

　　校務研究辦公室於106年4月針對101至105學年第1學期國際化招生與教學相關活動進行分析，提出檢討報告。校園國際化招生與推廣策略，以國際事務處為核心，由全校各教學與行政單位為協力執行。本校國際事務處設置為一級單位，執行成效已逐漸顯現效益，但校園內部組織溝通與學生學習成效評量反應，隨學生人數增加而問題日益紛雜。因此國際化成效分析報告報告以Kaplan and Norton（1992）平衡計分卡（Balance Scorecard）為架構，加以檢討

本校國際化策略執行成效。平衡計分卡可作為組織績效管理方法之評估工具，以組織願景與策略為核心，從財務、顧客、企業內部流程、學習與成長四個構面評估組織績效。配合學校組織結構與制度管理，將構面修改為學生、財務、生活與輔導、課程與學習等四大項目加以進行評估。

圖8　國際化成效分析構面

上圖8國際化成效分析架構中，各構面內容說明如下：1.學生構面：主要分析101至105學年第1學期所有境外生人數變化。2.財務構面：主要分析國際化作為之相關財務收入與支出。3.生活與輔導構面：主要分析目前境外學生生活與輔導之內部作業方式。4.課程與學習構面：主要分析101-105學年第1學期所有全英語授課課程狀況、外籍師資等資料。

教育市場面臨全球化的競爭趨勢，勢必無法避免。臺灣在少子女化的衝擊下，高等教育市場更形嚴峻。如何提供優質的國際化學

習環境，有助於本校提升學校競爭力。本研究透過量化與質化資料的蒐集，進行分析檢討近四個學年度國際化相關作為。從遠見雜誌對於國內大學排名國際化，本校在國際化程度排名逐年上升，足可驗證本校國際交流活動上，已顯現成效。

著眼於組織運作與制度規劃上，根據相關數據分析，報告中提供四點結論建議：1.國際事務處應與高層主管深入分析討論，妥適擬定本校國際交流活動之宗旨、目標與定位，避免以衝高國際姊妹校和交換學生之數字成效為主要目標。建議姊妹校之交流，重在實質效益，以增加學生交換機會外，也應加強兩校教師跨國學術合作之交流機會。2.對外洽談學術交流合作時，由國際事務處與對應的教學單位事前溝通協調，以利後續執行順暢。3.境外生的生活輔導業務，建議統一由國際事務處負責。校園環境與相關行政表單之業務，應盡速全面中英文雙語提供學生操作使用。4.全英語授課之開課單位主管，應積極瞭解學生反應，對於教學評量不佳之課程，應立即檢討。並且應注意課程架構設計，是否符合培養學生核心能力之目標。

肆、經驗的總結

一、目前遭遇的困境

本校校區分散臺北與高雄兩地，兩校區距離超過三百公里以上。在國內所有大學設有不同校區者之中，是屬地理位置差距最大者。臺北校本部位於臺北市大直地區，捷運文湖線大直站周圍五百公尺內，附近生活機能便利，交通四通八達。鄰近內湖科學園區及南港軟體園區，與企業連結機會高，有利於學生實習就業、廠商徵才及招收高階經理人在職進修，並有助於產官學計畫申請及產學合作之市場需求。

高雄校區設於高雄內門，位於臺南、高雄及屏東扇形區域軸心位置，鄰近旗山與美濃區域。其中，美濃客家文化特色鮮明，旗山、內門農產品享譽中外，佛光山近在咫尺，寶來溫泉、荖濃溪以及西拉雅國家風景區等比鄰而立，資源之豐富，對於地方特色及文化創意產業的發展與整合，可謂得天獨厚。北高兩校區因地理位置的關係，校區整體發展與招生來源管道已有所差異。在少子女化的衝擊下，高雄校區因交通便利性與生活機能相較弱勢，以致於未來面臨招生困境，將比校本部更為嚴峻考驗。

　　本校創辦人鑑於家為國之本，欲國家富強、民生樂利，必先健全家庭。創立中華民國第一所家政學校，校務經營無企業、財團或宗教團體經費大額資助。學校整體發展主要來自於學雜費收入，過往兢兢業業力求突破。在國內高等教育市場中已有獨特的定位，對於國家社會培育優秀人才也有著實貢獻。然而未來，在少子女化的衝擊與教育部學雜費凍漲限制下，校務治理經營將面臨雙重壓力。對於認真辦學卓有成效之學校，當前政府應該極力協助解決所遭遇的困境。

　　校務研究辦公室成立將屆五年，已有初步成果，逐漸發揮其角色與功能。然而要將校務研究觀念，在校園形成普遍觀念，仍需要時間推動。再者，校務研究相關專長的博士後研究人員較為缺乏，且人員異動頻繁，使得校務研究工作推動時而有所延滯。以上兩者，是目前本校所遭遇的難處。

二、值得驕傲的特色

　　自1958年3月創校至今，將屆62年。秉持創辦人謝東閔先生的創校精神，強調學生專業與生活教育的結合，發揚「力行實踐，修齊治平」的核心價值，以「創新、實踐、至善」的辦學理念，培養崇尚務實、樂觀進取及具備創造力、實踐力、國際觀的人才。本校

持續致力於高等教育品質之提升，不斷創新追求卓越，展現良好辦學績效，並營造優質的學校特色。近年來，本校校務經營所獲得的肯定表現，扼要臚列如下：

（一）設計學院自2014年起獲國際知名評比網站Ranker評比為「全球30所最佳設計學院」。

（二）QS 2019「藝術及設計領域」世界最佳大學排名101～150名，全國私立大學第一名。

（三）CHEERS雜誌「2018年全國大學辦學績效成長TOP 20」。

（四）《遠見雜誌》「2019臺灣最佳大學排行榜」最佳進步獎。

（五）全臺灣學校歷年參與國際設計競賽獲獎總數排名第二，私立大學排名第一。（高教創新月刊，July 2017）

（六）《遠見雜誌》「2018臺灣最佳大學排行榜」「國際化程度」名列第7名。

（七）108年度獲選教育部「品德教育特色學校」。

（八）108年度獲選友善校園獎大專校院績優學校

在面對少子女化的招生困境下，國際化是一條必走之路。本校參加財團法人高等教育國際合作基金會所舉辦「2018年大專校院雙邊交流典範案例徵選活動」，從四十件參選作品中，選拔出五件兼具分享創新與交流成果的國際交流典範案例，本校是私立大學中唯一獲選者（洪志衛與傅慧雯，2018）。提供全校學生國際化教育機會，透過國際教育組織與世界姊妹校合作，以本校校園做為平臺，利用暑期開設「亞洲暑期大學（Asia Summer University）」課程。邀請姊妹校推薦優良教師來校授課，並由亞太大學交流會（University Mobility in Asia and the Pacific，UMAP）合作，提供全球各地姊妹校學生國際化校園之學習環境，強調不再淺碟交流，全方位邁向國際化。

三、未來的發展方向

　　本校在教務處下設有入學服務中心，作為招生專責單位，執行招生相關業務。校務研究辦公室提供相關數據分析與研究報告，作為招生策略擬定與修正之依據。以本文為例，準大一生修讀夏季橋接課程之研究，檢討課程成效，驗證有助於學生進入大學後之學習表現，因而持續擴大辦理此一活動。大一新生人數推估研究，則根據當年度最後一次主要入學管道－考試分發，學生選填志願情況，進行估計下一學年度生源的可能變化，提供行政與教學單位擬定因應作為。每一學年度新生特質輪廓分析研究，則是將各院系的新生特質進行整體的描述性統計，提供教學單位了解學生學習需求與規劃。不同入學管道之學習表現研究，則提供各學系了解不同入學管道之學生成效，進一步思考招生策略的調整，以及學習輔導補救措施。國際化成效分析報告，則針對國際化招生、對學校財務貢獻、對外國學生的生活輔導，以及全英語課程與學習成效加以檢討。運用量化與質化資料分析，提供相關單位精進作為。

　　本校與47所國內外公私立高級中學，建立合作結盟與教育夥伴關係，進行師資、課程和設備等資源整合與共享。再者，因應十二年國教新課綱實施，鼓勵高中學生多元選修、彈性學習。新課綱規定每學期必須挪出三節課之彈性學習時間，學生可跨校選修六周，每周三小時之「微課程」。因此，未來將持續強化與策略聯盟高中之互動交流，推動暑期夏日學院課程，與頂尖高中共享資源，開設微課程。確實發揮本校特色並提升青年學子多元學習能量，讓高中端與大學端的課程得以銜接，藉以適性揚才，邁向國際。

　　我國高等教育環境面臨內外部的環境壓力，校務研究辦公室在此刻，正可彰顯其角色與影響力。透過生源分析，適性適才發展。精進學習輔導作為，提高就學穩定率。就業發展，學用合一，為個

人、家庭和社會增進福祉。此一學習歷程的各階段努力目標，均有賴於校務研究串連相關議題分析。精進教學作為，提昇學習成效，進而學子均能人盡其才貢獻國家社會，正是校務研究努力的目標。

參考資料：

1. 小林雅之與山田禮子（2018），『大學IR校務決策的資訊蒐集與分析』，臺灣評鑑協會，臺北市。
2. 王慧敏、魏上淩與陳虹伶（2018），『準大一生修讀大學夏季橋接課程對日後學習成效影響之初探』，民生論叢，第15期，第1-28頁。
3. 洪志衛與傅慧雯（2018），『5個案例告訴你 在臺灣讀大學照樣能累積國際化實力』，財團法人高等教育國際合作基金會，網址：https://www.fichet.org.tw/2018Topic/index.html（擷取日期2020年1月17日）。
4. Cabrera, N. L., Miner, D. D., & Milem, J. F. (2013). Can a summer bridge program impact first- year persistence and performance? A case study of the New Start Summer Program. *Research in Higher Education*, 54(5), 481-498.
5. Ewell, P. T. (1987). Establishing a campus-based assessment program. In D. F. Halpern (ed.), New Directions for Higher Education, 59(Fall). San Francisco, CA: Jossey-Bass.
6. Kaplan, R.S. & D.P. Norton (1992). The Balanced Scorecard-Measures that Drive Performance. *Harvard Business Review*, 70(1), 71-79.

社會科學類　PF0281　Viewpoint 51

臺灣校務研究之招生策略

主　　　編 / 廖慶榮、何希慧、林靜慧
責任編輯 / 石書豪
圖文排版 / 莊皓云
封面設計 / 劉肇昇

發 行 人 / 宋政坤
法律顧問 / 毛國樑　律師
出版發行 / 秀威資訊科技股份有限公司
　　　　　114台北市內湖區瑞光路76巷65號1樓
　　　　　電話：+886-2-2796-3638　傳真：+886-2-2796-1377
　　　　　http://www.showwe.com.tw
劃撥帳號 / 19563868　戶名：秀威資訊科技股份有限公司
　　　　　讀者服務信箱：service@showwe.com.tw
展售門市 / 國家書店（松江門市）
　　　　　104台北市中山區松江路209號1樓
　　　　　電話：+886-2-2518-0207　傳真：+886-2-2518-0778
網路訂購 / 秀威網路書店：https://store.showwe.tw
　　　　　國家網路書店：https://www.govbooks.com.tw

2020年8月　BOD一版
定價：340元

國家圖書館出版品預行編目

臺灣校務研究之招生策略 / 廖慶榮, 何希慧, 林靜慧主編. -- 一版. -- 臺北市 : 秀威資訊科技, 2020.08
　　面；　公分. -- (社會科學類)
BOD版
ISBN 978-986-326-829-1(平裝)

1.高等教育 2.學校行政 3.文集

525.607　　　　　　　　　　109008717

讀 者 回 函 卡

感謝您購買本書，為提升服務品質，請填妥以下資料，將讀者回函卡直接寄
回或傳真本公司，收到您的寶貴意見後，我們會收藏記錄及檢討，謝謝！
如您需要了解本公司最新出版書目、購書優惠或企劃活動，歡迎您上網查詢
或下載相關資料：http:// www.showwe.com.tw

您購買的書名：_____

出生日期：_____年_____月_____日

學歷：□高中 (含) 以下　　□大專　　□研究所 (含) 以上

職業：□製造業　□金融業　□資訊業　□軍警　□傳播業　□自由業

　　　□服務業　□公務員　□教職　　□學生　□家管　　□其它_____

購書地點：□網路書店　□實體書店　□書展　□郵購　□贈閱　□其他

您從何得知本書的消息？

　　□網路書店　□實體書店　□網路搜尋　□電子報　□書訊　□雜誌

　　□傳播媒體　□親友推薦　□網站推薦　□部落格　□其他_____

您對本書的評價：(請填代號　1.非常滿意　2.滿意　3.尚可　4.再改進)

　　封面設計____　版面編排____　內容____　文／譯筆____　價格____

讀完書後您覺得：

　　□很有收穫　□有收穫　□收穫不多　□沒收穫

對我們的建議：_____

_____

_____

_____

11466

台北市內湖區瑞光路 76 巷 65 號 1 樓

秀威資訊科技股份有限公司　　　收

BOD 數位出版事業部

....

（請沿線對折寄回，謝謝！）

姓　　名：_____　年齡：_____　性別：□女　□男

郵遞區號：□□□□□

地　　址：_____

聯絡電話：(日) _____ (夜) _____

E-m a i l：_____